Matthias Freitag

Kleine Regensburger Stadtgeschichte

Verlag Friedrich Pustet
Regensburg

Umschlagmotiv: Haidplatz mit „Goldenem Kreuz".
Stahlstich von Emil Höfer nach Vorzeichnung von
Hans Kranzberger, um 1840.
(Verlagsarchiv Pustet)

Die Deutsche Bibliothek – CIP-Einheitsaufnahme

Freitag, Matthias:
Kleine Regensburger Stadtgeschichte / Matthias Freitag. –
Regensburg : Pustet, 1999
    ISBN 3-7917-1670-0

ISBN 3-7917-1670-0
© 1999 by Verlag Friedrich Pustet, Regensburg
Umschlaggestaltung: Anna Braungart, Regensburg
Gesamtherstellung: Friedrich Pustet, Regensburg
Printed in Germany 1999

Inhalt

Vorwort

Es ist ein schwieriges Unterfangen, die Geschichte Regensburgs als Ganzes zu beschreiben; manche sagen, es sei geradezu unmöglich. Der Grund dafür ist leicht zu benennen: Die Stadt ist fast 2000 Jahre alt, älter als die meisten in Deutschland; es gilt also, einen sehr langen Zeitraum zu überblicken. Hinzu kommt – und das ist das Entscheidende –, daß Regensburg in fast allen Epochen seiner Geschichte im Vergleich zu anderen Städten nicht so sehr eine typische, sondern eher eine außergewöhnliche Entwicklung durchlaufen hat, daß hier – vereinfacht ausgedrückt – mehr und Wichtigeres passiert ist als anderswo.

Nur zwei Beispiele: Im Mittelalter war Regensburg der zentrale Ort in ganz Süddeutschland, Residenzstadt der bayerischen Herzöge und der deutschen Könige und Kaiser, Bischofssitz, Fernhandelsstadt und Wirtschaftszentrum, kurz: eine echte Metropole. Und im 18. Jahrhundert war hier der Ort, an dem sich eine der wichtigsten Institutionen des deutschen Reichs, der „Immerwährende Reichstag", aufhielt, mit Dutzenden von Gesandten aus aller Herren Länder und mit all dem Glanz, den sie in die Stadt brachten. Entsprechend vielfältig und facettenreich ist die Regensburger Geschichte; entsprechend üppig fließen die historischen Quellen. Genau hier liegt das Problem. Wie kann man die Fülle des vorhandenen Materials bewältigen? Wie all die Vielfalt und all den Reichtum in einem Zug darstellen, ohne sich ins Endlose zu verlieren? Das sind die Fragen, denen sich jeder Regensburger Geschichtsschreiber stellen muß.

Vorliegende „Kleine Regensburger Stadtgeschichte" macht schon in ihrem Titel deutlich, wie sie das aufgeworfene Problem zu lösen gedenkt. Sie weist in aller Bescheidenheit ein Prinzip von vornherein zurück: das einer vollständigen und erschöpfenden Darstellung dessen, was in Regensburg von der Gründung bis in heutige Zeiten geschehen ist. Sie will lediglich eine Zusammenfassung bieten, einen Ein- und Überblick verschaffen, eine erste Orientierung für alle, die sich mit der Geschichte der Stadt beschäftigen. Sie verzichtet deshalb auch darauf, eine unendliche Folge von Einzelereignissen und zugehörigen Jahreszahlen aneinanderzureihen; vielmehr geht es darum, längerfristige Entwicklungen aufzuzeigen, Strukturen sichtbar zu machen, die hinter den Ereignissen liegen. Letztlich – auf den Punkt gebracht – will sie Verständnis wecken für das, was Regensburg war und was es bis heute geworden ist.

Der Regensburg-Kenner wird zwangsläufig das eine oder andere vermissen, manche Namen, manche Ereignisse, manche Anekdoten vielleicht, die normalerweise zum Kernbestand dessen gezählt werden, was man von Regensburg weiß. Ganz auf Einzelheiten und Details, die die Geschichte ja oftmals auch spannend und greifbar machen, muß er aber nicht verzichten: Eine Vielzahl von ihnen – Kurzportraits berühmter Regensburger, aussagekräftige Quellenzitate, Szenen aus dem Alltagsleben und so weiter – sind als „Specials" in den laufenden Text eingeschoben und liefern zusätzliche Informationen. Das Allgemeine und das Besondere ergänzen und vertiefen sich – das ist zumindest die Absicht, die hinter diesem Verfahren steht.

Im günstigsten Fall – so hofft und wünscht es jedenfalls der Verfasser – kann die „Kleine Regensburger Stadtgeschichte" beim Leser vielleicht die Lust wecken, sich weiter auf Entdeckungsreise zu begeben. Damit hätte sie dann ihr wichtigstes Anliegen erreicht: etwas von der ungemeinen Faszination zu vermitteln, die von der Stadt und ihrer Geschichte ausgeht und der schon viele erlegen sind.

Kelten, Römer und Germanen: Regensburg in der Antike

Geschichtliche Anfänge dingfest zu machen, zu sagen, etwas habe zu einem bestimmten Zeitpunkt begonnen: Das gehört zu den schwierigsten Aufgaben, die sich dem Historiker stellen. Aus frühen, weit zurück und vielfach im Dunklen befindlichen Zeiten fehlen oft Nachrichten und Belege; man ist auf Vermutungen angewiesen, auf Theorien und Kombinationen, die einmal mehr, einmal weniger plausibel klingen. Im Fall von Regensburg verhält es sich fundamental anders: Was den Beginn, die Gründung der Stadt angeht, liegen die Dinge klar und eindeutig. Im Jahr 179 nach Christus ließ der römische Kaiser Mark Aurel hier einen befestigten Platz errichten, ein Militärlager. Seine Besatzung: eine Legion des römischen Heeres. Seine Lage: an der Donau, der Grenze des Römischen Reichs, und zwar an deren nördlichstem, das heißt: an einem strategisch besonders wichtigen Punkt. Seine Aufgabe: die Verteidigung der Grenze gegen Angriffe der feindlichen Nachbarn, der Germanen.

Woher diese Klarheit? Ganz einfach: Nachdem das Lager fertiggestellt war, installierte man über einem seiner Tore eine große steinerne Tafel mit einer Inschrift, die jedermann über den Bauherrn und die Bauzeit informierte. Diese Inschrift – ein großer Glücksfall! – ist bis heute erhalten geblieben; damit kann Regensburg sich rühmen, über die älteste „Gründungsurkunde" einer deutschen Stadt überhaupt zu verfügen.

> „Der Imperator Caesar (…) Marcus Aurelius Antoninus Augustus, Germanensieger, Sarmatensieger, Oberster Priester, mit Tribunengewalt zum 36. Mal, Feldherr zum neunten Mal, Konsul zum dritten Mal, Vater des Vaterlandes, und der Imperator Caesar Marcus Aurelius Commodus Antoninus Augustus, der

Sarmatensieger, der allergrößte Germanensieger, des Imperators Antoninus Sohn, (…) mit Tribunengewalt zum vierten Mal, Feldherr zum zweiten Mal, Konsul zum zweiten Mal, haben die Umwehrung mit Toren und Türmen für die 3. Italische Legion, die Einträchtige, machen lassen": Das ist – hier in gekürzter Form zitiert, aber auch so immer noch höchst eindrucksvoll klingend – der Wortlaut der „Gründungsurkunde" von 179 (Übersetzung: Karlheinz Dietz). Nach der Römerzeit waren die Steine mit der Inschrift über Jahrhunderte hinweg zusammen mit anderem Bauschutt im Erdreich verborgen; bei Bauarbeiten im Bereich des heutigen Dachauplatzes wurden sie 1873 teilweise wiederentdeckt und um das, was fehlte, sinngemäß ergänzt. Aus der genauen Nennung der Titel von Kaiser Mark Aurel und seinem Sohn und Mitregenten Commodus ergibt sich umgerechnet die Jahreszahl 179; aus der Formulierung „Umwehrung mit Toren und Türmen für die 3. Italische Legion" (im lateinischen Original: „vallum cum portis et turribus legioni III Italicae") die Funktion als Militärlager.

Anfänge

Mit dem Jahr 179 beginnt die Geschichte Regensburgs; das kann man ohne Wenn und Aber festhalten. Eine Relativierung ist aber trotzdem zu machen, oder besser: Eine Präzisierung ist vorzunehmen. Was damals beginnt, ist die Geschichte Regensburgs, nicht die Geschichte des Regensburger Raums. Sie reicht wesentlich weiter zurück in die Vergangenheit. Siedlungsspuren am nördlichsten Punkt der Donau gibt es nämlich bereits viel früher, in der Jungsteinzeit, also um 5000 vor Christus; seither brechen Funde, die Rückschlüsse zulassen auf die Existenz von kleinen Siedlungen, von Grablegen, von Schatzhorten und so weiter, nicht mehr ab.

Die Gründe, weshalb die Region früh und dauerhaft besiedelt wurde, liegen auf der Hand. Zum einen: die günstigen Lebensbedingungen. Das Tal der Donau bietet ein relativ angenehmes Klima; die Temperaturen sind milder als an vielen anderen, vor allem nördlich und nordöstlich gelegenen Stellen des Umlands. Auf der Südseite der

„Gründungsurkunde" von Regensburg (Ausschnitt). Die Steintafel mit Inschrift zu den Einzelheiten der Gründung des römischen Legionslagers im Jahr 179 nach Christus befand sich ursprünglich über dessen Osttor („porta principalis dextra"). – Regensburg, Historisches Museum der Stadt.

Donau öffnet sich, von Westen nach Osten weiter werdend, ebenes Gelände, die sogenannte „Regensburger Bucht". Hier sind die Böden überaus fruchtbar: ideale Voraussetzungen für eine ertragreiche Landwirtschaft.

Zum anderen: Im Regensburger Raum trafen schon in vorgeschichtlicher Zeit wichtige Verkehrswege aufeinander. Man darf sich diese Wege natürlich nicht einmal ansatzweise als ausgebaute Straßen vorstellen; eher muß man an mehr oder weniger häufig begangene Pfade denken. Bemerkenswerterweise aber lassen sie sich mit etwas Phantasie sogar noch auf einem modernen Stadtplan nachziehen. Einer von ihnen führte am Südufer der Donau entlang, in gebührendem Sicherheitsabstand zum Fluß und zu dessen Überschwemmungsgebieten; heute ist das die Verbindung von der Straubinger Straße im Osten Regensburgs über die Platzfolge innerhalb der Altstadt zum Hochweg im Westen. Dort stieß der Weg auf den Bogen, den die Donau bildet; überquerte man sie, ging es im Tal der hier mündenden Naab weiter. Setzte man schon vorher, ein Stück flußabwärts, über die Donau, an einer Stelle, die man im Bereich des heutigen Eisernen Stegs lokalisiert, gelangte man auf eine Route, die direkt nach Norden führte. Ihr erster Abschnitt, der ohne Umweg und dementsprechend steil ansteigend die jenseitigen Hänge der Donau, die Winzerer Höhen, erklomm, ist in Gestalt des Schelmengrabens beinahe original erhalten geblieben. In entgegengesetzter Richtung führte dieser Weg südwärts vom Fluß weg hinauf zum Ziegetsberg; heute verlaufen hier die Kumpfmühler und die Augsburger Straße. Mit anderen Worten: Am nördlichsten Punkt der Donau existierte eine Kreuzung von vorgeschichtlichen Verkehrswegen, die aus allen vier Himmelsrichtungen zusammenkamen. Genutzt wurden sie schon damals in erster Linie von Händlern. Gewiß: Der Warenaustausch war seinerzeit nicht sonderlich intensiv, aber er überspannte bereits erstaunlich weite Distanzen. Funde belegen zum Beispiel, daß bestimmte Metalle auf der Nord-Süd-Route von Böhmen bis ins Alpenland oder auch in umgekehrter Richtung gebracht wurden.

Den Zusammenhang, der im Fall von Regensburg zwischen den natürlichen und naturräumlichen Voraussetzungen des Orts auf der einen und der Ansiedlung von Menschen auf der anderen Seite besteht, hat bereit Johann Wolfgang von Goethe gesehen. Er war es auch – und wer sonst sollte es sein? -, der ihn bis heute am prägnantesten in Worte gefaßt hat. Von Karlsbad kommend, auf seiner „Italienischen Reise" unterwegs in Richtung Süden, weilte er am 4. und 5. September 1786 in Regensburg und hielt, wie überall, wohin er kam, in seinem Tagebuch seine Eindrücke fest. Dort heißt es kurz und bündig: „Regensburg liegt gar schön; die Gegend mußte eine Stadt hierher locken." – ein Spruch, der in Regensburg noch heute in aller Munde ist...

Angesichts so günstiger Rahmenbedingungen wird verständlich, warum sich Menschen schon frühzeitig im Regensburger Raum angesiedelt haben. Freilich: Vom Umfang, in dem das geschah, darf man sich keine falschen, übertriebenen Vorstellungen machen. Die Siedlungen waren jeweils sehr klein und über die Landschaft verstreut; und vor allem: Es gab keinen zentralen, festen Ort, den man in irgendeiner Weise als Vorläufer der späteren Stadt Regensburg bezeichnen könnte.

Das gilt auch und insbesondere für den letzten Zeitabschnitt vor der Ankunft der Römer, den der Kelten, die etwa ab 500 vor Christus in der Region lebten. Eine keltische Stadt Regensburg hat nicht existiert: Dieser gewissermaßen negative Sachverhalt muß deshalb so ausdrücklich betont werden, weil sich vielfach immer noch die Auffassung hält, zur Zeit der Kelten habe am nördlichsten Punkt der Donau eine Großsiedlung namens „Rataspona" bestanden. Nun hat es zwar keltische Großsiedlungen, „oppida" genannt, durchaus gegeben, einige von ihnen sogar in der näheren oder weiteren Umgebung von Regensburg, so zum Beispiel in Kelheim oder in Manching bei Ingolstadt; von ihrem Charakter her dürften sie dem, was man gemeinhin unter einer Stadt versteht, recht nahe gekommen sein, mit wehrhaften Befestigungsanlagen, mit zahlreicher Bevölkerung, mit ausdifferenzierter Gesellschaft. Nur: All das existierte im Regensburger Raum nicht; das ist jedenfalls der gesicherte Befund der Prähistoriker und Archäologen. Für die Zeit der Kelten bleibt deshalb wie für die Vor- und Frühgeschichte insgesamt festzuhalten: Kleine Siedlungen, Streusiedlungen: ja; eine zentrale Großsiedlung: nein.

Die Theorie von der Existenz der keltischen Stadt „Rataspona" hat sowohl bei den Forschern als auch im Bewußtsein der Regensburger über Generationen hinweg einen festen Platz behauptet; der im Grunde einzige Beleg – freilich einer, der auf den ersten Blick immer sehr überzeugend wirkt – war eben der überlieferte Name „Rataspona". Er taucht in einer schriftlichen Quelle aus dem 8. Jahrhundert nach Christus erstmals auf; und er stammt – da sind sich die Experten einig – unzweifelhaft aus der Sprache der Kelten. Vom keltischen Namen muß man jedoch nicht zwangsläufig auf eine keltische Stadt schließen; mit „Rataspona" kann alles mögliche bezeichnet worden sein. Etymologische Überlegungen heutiger Wissenschaftler, die das Wort auf verschiedene Weise mit „Flußufer" in Verbindung bringen, scheinen darauf hinzudeuten, daß mit „Rataspona" ursprünglich vielleicht eine Schiffsanlegestelle an der Donau bezeichnet wurde, die möglicherweise im Bereich des heutigen Eisernen Stegs zu lokalisieren ist, wo wahrscheinlich eine alte Fernstraße den Fluß überquerte... Eine Theorie, die viel mit „vielleicht", „möglicherweise", „wahrscheinlich" arbeitet: Sie löst sich aber jedenfalls von der irrigen Auffassung, daß aus der Existenz des Wortes „Rataspona" zwangsläufig auch die einer Stadt „Rataspona" folgen müsse.

Die Römer

Viel an Vermutungen und Erschließungen ist nötig, wenn man sich mit der Vor- und Frühgeschichte des Regensburger Raums beschäftigt; wenig Konkretes ist bekannt vom Tun und Lassen der Menschen. Das ändert sich schlagartig mit dem Augenblick, als die Region unter die Herrschaft der Römer geriet. Ab jetzt gibt es wesentlich mehr und besser erhaltene Funde; und es gibt – erstmals – schriftliche Zeugnisse. Ab jetzt, mithin, steht man bei der Betrachtung der Vergangenheit auf relativ festem Boden.

14

Es war ein regelrechter Blitzkrieg: Im Jahr 15 vor Christus zogen die Römer von Italien aus gegen unbotmäßige Volksstämme im Alpenraum zu Felde; sie waren so erfolgreich, daß sie binnen kurzem nicht nur die Alpen, sondern auch das nördliche Alpenvorland bis zur Donau unter ihre Kontrolle gebracht hatten. In der Folge, wie immer und überall, machten sie sich daran, das Gewonnene dauerhaft zu sichern und in ihr Reich zu integrieren. Truppen wurden stationiert, befestigte Stützpunkte angelegt, Städte gegründet, Straßen gebaut. Die Römer taten sich dabei ziemlich leicht; sie trafen auf keinerlei Widerstand. Die Kelten, die noch ein, zwei Generationen zuvor das Land beherrscht hatten, waren aufgrund heftiger innerer und äußerer Auseinandersetzungen geschwächt und geradezu dezimiert, das Land nur noch äußerst dünn besiedelt. Keine Probleme also für die Römer; das heißt aber zugleich: Sie hatten keine sonderliche Eile damit, ihre Herrschaft zu konsolidieren; eine ernste Bedrohung war ja nirgendwo in Sicht. Deshalb waren sie auch nicht sofort und unverzüglich bemüht, die Grenze des neugewonnenen Gebiets an der Donau zu befestigen und zu überwachen; es ist sogar zweifelhaft, ob sie die Donau zu diesem frühen Zeitpunkt überhaupt schon als „Grenze" definierten. Der Aufbau der neuen römischen Provinz Rätien konzentrierte sich jedenfalls mehr auf das Hinterland; der Regensburger Raum blieb von entsprechenden Aktivitäten zunächst völlig unberührt.

Im Verlauf des ersten Jahrhunderts nach Christus änderte sich das Bild allmählich. Der Anstoß dazu kam von außerhalb der Region: Die Römer scheiterten mit ihrem Versuch, die germanischen Gebiete östlich des Rheins zu unterwerfen; daraufhin gingen sie zu einer mehr defensiven Strategie über, die auf Wahrung und Sicherung des aktuellen Bestands abzielte. Jetzt rückten geographische Gegebenheiten ins Blickfeld, Linien, Barrieren, die als „natürliche Grenze" dienen konnten; und bei der Suche danach stieß man zwangsläufig auf die beiden großen Flüsse, den Rhein und die Donau. Der eine von ihnen, der

Rhein, war bereits mit einer beträchtlichen militärischen Infrastruktur versehen, mit großen Legionslagern und kleineren Stützpunkten und Beobachtungsposten dazwischen, mit Verbindungswegen und Nachschubstraßen; von hier aus hatte man schließlich jahrzehntelang die aufwendigen Feldzüge gegen die Germanen organisiert. Ähnliches wurde jetzt an der Donau nachgeholt, allerdings bei weitem nicht in so großem Stil. Denn: Anders als am Rhein gab es hier jenseits der neuen Grenzlinie keinen Feind, der auch nur annähernd derart bedrohlich gewirkt hätte. Ganz im Gegenteil: Nördlich und nordöstlich lagen äußerst unwirtliche Gegenden, undurchdringliche Wälder, schwer passierbare Gebirgszüge; sie waren weitgehend unbewohnt und aus der Perspektive der Römer relativ ungefährlich. So konnte man sich auf kleinere militärische Grenzposten beschränken; sie dienten eher der Beobachtung als der Verteidigung – was auch völlig ausreichte.

Das erste römische Lager

Es lag nahe, daß der Blick der Römer in diesem Zusammenhang auch auf den Regensburger Raum fiel. Schließlich war die Gegend gleich in zweierlei Hinsicht interessant. Zum einen: Hier hatte die Donau, das heißt: die Grenze, ihren nördlichsten Punkt; das war von grundsätzlicher strategischer Bedeutung. Zum anderen: Hier mündeten, von Norden kommend, zwei größere Seitenflüsse in die Donau, die Naab und der Regen; hier war somit eine der wenigen Stellen, wo sich eine Lücke auftat in der natürlichen Barriere von Wald und Gebirge jenseits der Grenze. Militärisch gedacht: Wenn einmal ein Feind aus dem Norden angreifen würde, dann würde er sozusagen automatisch hierher gelenkt werden; deshalb war an diesem kritischen Ort ein Kontrollpunkt unverzichtbar.

Daß die Römer früher oder später darauf verfallen mußten, auch im Regensburger Raum aktiv zu werden, ist also offensichtlich; weniger offensichtlich ist jedoch, wann genau sie das taten. Oder besser: Ohne jeden Zweifel, mit

Belegen in großer Anzahl, existierte ein militärischer Stützpunkt ungefähr ab dem Jahr 80 nach Christus; unklar ist nur, ob er einen Vorläufer hatte, der eventuell schon in die Zeit um 40 bis 50 nach Christus zu datieren wäre. Von diesem Vorgänger hat man – bisher jedenfalls – nichts Konkretes gefunden; es gab jedoch in derselben Zeit bereits Anlagen an anderen Abschnitten der Donau, so daß es nur vernünftig wäre, etwas Vergleichbares auch für den Regensburger Raum anzunehmen. Aber wie gesagt: Belegbar ist davon – noch – nichts.

Auf wirklich festem Boden steht man erst ab etwa 80 nach Christus – wobei die Metapher ganz wörtlich zu nehmen ist: Der Stützpunkt, den die Römer damals anlegten, oder jedenfalls seine Überreste sind nämlich bei archäologischen Forschungen in den 1920er Jahren ausgegraben worden. Entsprechend klare Aussagen können deshalb gemacht werden. Der Ort: Das Militärlager befand sich nicht in der Flußebene, sondern ein Stück südwärts ins Hinterland versetzt, auf einem Hügel im heutigen Stadtteil Kumpfmühl. Die Ausmaße: Es hatte einen annähernd quadratischen Grundriß mit einer Seitenlänge von 154 mal 145 Meter. Die Bauweise: Es war umgeben von einer Umwallung in Holz-Erde-Technik, konkret: von zwei parallel verlaufenden hölzernen Palisaden, deren Zwischenraum mit Erde gefüllt war; dazu kamen, ebenfalls aus Holz, diverse Türme und, im Vorfeld, ein Graben. In einer zweiten, späteren Bauphase wurden diese Befestigungen durch eine Steinmauer mit zwei davorliegenden Gräben ersetzt. Die Besatzung: Das Lager bot Platz für eine kleinere Einheit des römischen Heeres, eine Kohorte mit einer Kampfstärke von etwa 500 Soldaten.

So weit die wichtigsten belegbaren Fakten; von ihnen ausgehend läßt sich das weitere Umfeld der Gründung relativ problemlos erschließen. Es ist anzunehmen, daß sie in eine Zeit fiel, in der die Römer nach einer Phase der Konsolidierung gegenüber den Germanen wieder aktiv wurden. In den Jahrzehnten von 70 bis 90 nach Christus begannen sie, den Landstrich zwischen den Oberläufen von Rhein und Donau zu besetzen; das half ihnen, den ungünstigen, überdehnten Grenzverlauf längs der beiden Flüsse beträchtlich abzukürzen. In die gleiche Zeit fällt ein kurzer Feldzug gegen den germanischen Volksstamm der Chatten. Dabei wurden etliche neue Stützpunkte errichtet; vor diesem Hintergrund ist auch die Gründung des Lagers von Kumpfmühl zu sehen.

Und auch die Aufgaben des Postens und der dort stationierten Soldaten zu definieren fällt nicht schwer. Von seiner Größe und seiner Bauweise her war das Lager bei weitem zu klein, um im Fall einer massiven Attacke von jenseits der Donau tatsächlich echten Widerstand leisten zu können; vielmehr war ausschließlich an Beobachtung und Kontrolle des „Auslands" samt der Einfallrouten potentieller Angreifer längs der Flußtäler von Naab und Regen gedacht. Für diese Funktion war der Standort des Lagers ideal gewählt: Vom Hügel aus hatte man eine weite Sicht in Richtung Norden. Und bei Gefahr konnte man rasch Alarm schlagen: Südwärts, der vorgeschichtlichen Trasse zum Ziegetsberg hinauf und ihrer Verlängerung folgend, führte eine Militärstraße direkt nach Augsburg, der Hauptstadt der Provinz Rätien, der man zugehörte; so konnten rasch Nachrichten übermittelt und von dort aus geeignete Gegenmaßnahmen ergriffen werden.

Wie bei allen römischen Militärstützpunkten blieben die Soldaten nicht lang allein. Um das Lager herum siedelten sich allmählich Zivilisten an. Es kamen Handwerker und Händler, die Gebrauchsgegenstände und Lebensmittel bereitstellten; es kamen Wirte, die für das leibliche Wohl sorgten; es kamen Frauen und bald auch Kinder als Familienangehörige. (Theoretisch durfte ein Soldat während seiner Dienstzeit nicht heiraten; in der Praxis aber gab es natürlich alle möglichen Formen inoffiziellen Zusammenlebens.) Und: Viele Soldaten blieben nach dem Ende ihrer Jahre und Jahrzehnte währenden Dienstzeit am vertraut gewordenen Dienstort einfach wohnen. So entstand allmählich außerhalb der Befestigungen des Lagers ein Lagerdorf („vicus") mit Wohnhäusern aus Holz oder aus Stein, mit Werkstätten, mit typisch römischen Badeanlagen und so weiter. Eine Keimzelle römischer Provinzkultur bildete sich, natürlich nichts Großartiges, wie man es aus den städtischen Zentren des Reichs kannte, aber auch nichts völlig Primitives und Unbedeutendes. Aus Funden kann man, immerhin, entnehmen, daß der kleine Vorposten an der Donaugrenze Güter importierte, die nicht nur dazu dienten, die einfachsten Lebensbedürfnisse zu befriedigen, sondern die auf einen gewissen bescheidenen Wohlstand schließen lassen, Erzeugnisse der Feinkeramik zum Beispiel. Solche Importe kamen übrigens von weit her, aus Frankreich, aus Italien, aus Spanien; sie belegen, daß der Handel, den man betrieb, ziemlich gut organisiert gewesen sein muß.

Vom Lager aus nordwärts bauten die Römer den uralten Weg aus, der zur Donau und einer dort schon seit keltischer Zeit bestehenden Schiffsanlegestelle führte. An seinem letzten Stück, im Bereich des heutigen Bismarck- und Arnulfsplatzes, entwickelte sich eine zweite zivile Siedlung, die in Ausmaß und Infrastruktur der oben auf dem Hügel sehr ähnlich war. Ihre durch zahlreiche Funde einwandfrei belegte Existenz hat in jüngster Zeit zu der Überlegung Anlaß gegeben, dort habe möglicherweise ein weiteres Lager bestanden. Von ihm sind zwar bisher keine konkreten Überreste gefunden worden; im Vergleich mit anderen römischen Grenzorten kommt man jedoch zu bemerkenswerten Ergebnissen. Erstens: An keiner Stelle der Grenze gab es eine Zivilsiedlung ohne zugehöriges, unmittelbar benachbartes Lager. Zweitens: An manchen Stellen der Grenze gab es nicht Einzel-, sondern Doppellager, und zwar an denen, die strategisch gesehen besonders exponiert und gefährdet waren. Beides spricht eigentlich dafür, daß man auch im Regensburger Raum angesichts von zwei Zivilsiedlungen auf zwei Lager, mit zwei Kohorten, die in ihnen stationiert waren, schließen kann oder muß. Was fehlt, sind allerdings konkrete archäologische Beweise – bisher jedenfalls.

Das zweite römische Lager

Knapp 100 Jahre lang blieben die Römer – Soldaten wie Zivilisten – ungestört; dann brach das Unheil über sie herein. Weniger dramatisch ausgedrückt: Es geschah exakt das, weswegen die Truppen eigentlich stationiert waren – allerdings in einem Ausmaß, das ihre Kräfte schlicht überforderte. Die Germanen kamen, genauer gesagt: die Markomannen, ein Volksstamm, der in Böhmen beheimatet war. Sie durchbrachen um 170 nach Christus in großer Zahl und auf breiter Front die Donaugrenze. Die Römer hatten ihnen zunächst nicht viel entgegenzusetzen. Ihre Truppen waren durch einen jahrelangen Krieg, den sie im Osten des Reichs hatten führen müssen, geschwächt; außerdem wütete allenthalben eine schwere Pest, der die Menschen in großer Zahl zum Opfer fielen. Die Markomannen nutzten die Gunst der Stunde: Über die mittlere Donau fielen sie auf römisches Gebiet ein; von dort aus drangen sie zeitweise bis nach Oberitalien vor. Ein Teil von ihnen wählte eine andere Route: Von ihrer Heimat in Böhmen aus folgten sie dem Tal des Regen und stießen in den Regensburger Raum vor – exakt nach dem Szenario, wie es die römischen Militärstrategen für den Ernstfall vorausgesehen hatten. Die Angreifer waren jedoch viel stärker als erwartet. Sie überwältigten die römischen Truppen; sämtliche Lager an dem Grenzabschnitt zwischen Eining flußaufwärts und Straubing flußabwärts von Regensburg wurden vollständig zerstört, und zusammen mit ihnen natürlich auch die bestehenden Zivilsiedlungen. In Feuer und Rauch ging der erste Abschnitt römischer Anwesenheit im Regensburger Raum zuende.

Die Forschungen der Archäologen haben dazu geführt, daß man sich vom gewaltsamen Ende der ersten militärischen und zivilen römischen Siedlungen im Regensburger Raum ein sehr deutliches Bild machen kann. Brandschichten bedecken die Überreste der Bauten; sie zeugen von gewaltsamer Zerstörung. In den Brandschichten sind große Mengen an Waffen und Waffenteilen enthalten – Beweisstücke von schweren

Münzschatz von Kumpfmühl. Der Schatz wurde im Zusammenhang mit den Markomannenkriegen um 170 im Bereich der Zivilsiedlung des römischen Kohortenlagers vergraben. – Regensburg, Historisches Museum der Stadt.

Kämpfen, die während des Brandes stattgefunden haben. Und dann, wie so oft in Zeiten von Krieg und Zerstörung: Münzschätze. Der bedeutendste wurde 1989 im Bereich des Lagerdorfs von Kumpfmühl geborgen, ein Kessel mit 25 Gold- und 600 Silbermünzen, dazu Gold- und Silberschmuck, goldene Siegelringe, ein kleiner silberner Becher und ähnliches, zu datieren exakt in die Zeit der Markomannenkriege. Ein Bewohner der römischen Zivilsiedlung, offensichtlich einer von nicht unbedeutendem Wohlstand, wird ihn vergraben haben; daß er noch Zeit dazu fand, zeigt, daß die Katastrophe nicht über Nacht gekommen sein kann, daß man sie vielmehr herannahen gesehen haben muß – in dem Maß, in dem die Feinde sich der Grenze näherten. Was die Menschen dabei empfanden, kann man sich unschwer vorstellen …

Der Einfall der Markomannen war ein schwerer Schlag für die an Sieg und Erfolg gewöhnten Römer; es gelang ihnen jedoch binnen kurzem, ihn zu parieren und zur Gegenoffensive überzugehen. Der regierende Kaiser Mark Aurel hob neue Truppen aus und eilte mit ihnen persönlich in die bedrohten Grenzgebiete; in mehreren Gefechten drängte er die Markomannen wieder über die Donau zurück. Im Jahr 175 wurde Frieden geschlossen.

Die akute Krise war damit gebannt; jetzt hatte man Zeit für grundsätzliche Überlegungen. Eins war klar: Das System der Grenzverteidigung an der Donau mußte überdacht werden; schließlich hatte es sich bei der ersten ernsten Belastungsprobe als zu schwach erwiesen. Offensichtlich drohte die Gefahr massiver Angriffe von Germanen ab jetzt nicht mehr nur am Rhein, sondern auch an der Donau; und offensichtlich reichten die natürlichen Barrieren in Gestalt von Fluß, Wald und Gebirge dagegen nicht aus. Die logische Schlußfolgerung: Wie am Rhein mußten in gewissen Abständen statt einfacher Beobachtungs- und Kontrollposten massive Lager entstehen, die feindliche Angriffe ganz konkret abwehren konnten. Und in ihnen mußten jeweils große Kampfverbände stationiert werden, am besten gleich komplette Legionen des römischen Heeres.

Das war, in Grundzügen, das neue Verteidigungskonzept. Es liegt auf der Hand, daß in ihm auch und gerade dem Regensburger Raum eine besondere Bedeutung zukam. Hier war nach wie vor der nördlichste Punkt der Donaugrenze; hier war nach wie vor in Gestalt der Flußtäler und -mündungen von Naab und Regen eine natürliche Pforte, die Angreifer geradezu einlud. Kaiser Mark Aurel persönlich gab demgemäß den Befehl: Ein neues Militärlager wurde errichtet, ein weitaus größeres diesmal, das nicht nur eine Kohorte, sondern eine ganze Legion aufnahm. Der entscheidende Unterschied im Vergleich zu früher: Jetzt ging es nicht mehr um Beobachtung, sondern um Verteidigung; deshalb entstand das neue Lager nicht am Ort des alten, auf einem südwärts der eigentlichen Grenzlinie gelegenen Hügel, von dem aus man einen guten Überblick hatte, sondern direkt an der Donau. Hier, in der Ebene, war mehr Platz; hier konnte man einem potentiellen Angreifer augenblicklich, sowie er im Begriff war, den Fluß zu überqueren, wirksam entgegentreten. Oder noch besser: Im günstigsten Fall konnte man ihn durch die schiere Präsenz, dadurch, daß er vom Nordufer aus das Lager in seiner ganzen imposanten Größe sah, vielleicht sogar von vornherein dazu bewegen, sein Vorhaben aufzugeben und umzukehren. Deshalb die Positionierung des Lagers am Fluß, und dort auch nicht an beliebiger Stelle, sondern ziemlich genau gegenüber der Mündung des Regen, der klassischen Einfallroute. „Castra Regina", das „Lager am Regen": So wurde der neue Stützpunkt konsequenterweise genannt. Schon im Jahr 179 nach Christus war er bezugsfertig und wurde von der Dritten Italischen Legion in Besitz genommen. Das war die Geburtsstunde von Regensburg.

„Castra Regina": Daraus wurde in direkter Übersetzung das spätere „Regensburg", nach dem Schema „Castra Regina" = „Lager am Regen" = „Burg am Regen" = „Regensburg". Und „Regina" = „Regen": Diesen Namen für den Seitenfluß der Donau übernahmen die Römer von den Kelten. In deren Sprache bedeutete „Regina" (mit Betonung auf der ersten

Silbe) einfach „fließendes Wasser", „Fluß". Die Bezeichnung kommt übrigens auch noch andernorts vor; zum Beispiel hat das Wort „Rhein" die gleiche Wurzel. (Die Verbindung „Regina" – „Regen" – „Rhein" läßt sich gerade in Regensburg sehr gut nachvollziehen. Einer der heutigen Stadtteile, hervorgegangen aus einem ehemaligen Dorf, heißt „Reinhausen", und zwar wegen seiner Lage am Regen. Im Mittelalter sprach und schrieb man übrigens nicht „Reinhausen", sondern „Reginhusen"; daran wird der Zusammenhang noch besser deutlich.) – So weit, so gut; etwas komplizierter wird die Angelegenheit allerdings, wenn man bedenkt, daß die Römer neben „Castra Regina" noch eine ganze Menge anderer Namen verwendeten. Streng genommen ist „Castra Regina" sogar einer, der überhaupt erst in ziemlich später Zeit, um 400, auftaucht. Vorher nannte man den Ort „Legio" (für „Legion", „Legionsstandort") oder „Castra" (für „Lager", „Legionslager") oder „Reginum" (vom „Regen"). Diese Vielzahl unterschiedlicher Namen hängt wohl damit zusammen, daß sie genau genommen jeweils Unterschiedliches meinten, das Militärlager oder die Zivilsiedlung, vielleicht auch das Lager und die Siedlung vor 170 und das Lager und die Siedlung nach 179. Und dann, zu allem Überfluß, hielt sich offensichtlich während der gesamten römischen Zeit auch noch die alte keltische Bezeichnung „Rataspona"; aus ihr wurde später, im Mittelalter, „Ratisbona". Dieser Name wiederum fand seinen Weg in manche modernen Sprachen; deshalb heißt Regensburg bei den Italienern „Ratisbona", bei den Franzosen „Ratisbonne" und so weiter...

Im Prinzip war das neue Legionslager ganz ähnlich aufgebaut wie das alte Kohortenlager, nur in weit größeren Dimensionen. Rechteckiger Grundriß, Längenmaße von 542 mal 453 Meter: Damit war es etwa elfmal so groß wie das von Kumpfmühl. Befestigungen von gewaltigen Ausmaßen umgaben die Anlage: eine Mauer, durchgehend aus Steinquadern errichtet, zehn Meter hoch, zwei Meter breit, mit zahlreichen Türmen; dahinter eine rampenförmige Erdaufschüttung („agger"); davor ein Spitzgraben, sieben Meter breit, drei Meter tief. In der Mauer: Vier Tore, in jede Himmelsrichtung eins, so wie es dem Konstruktionsplan römischer Militärstützpunkte entsprach. Nach vorn, zum

„Porta praetoria". Vom Nordtor des römischen Legionslagers sind ein Tor-
borgen und ein Flankenturm erhalten. Ursprünglich bestand die Anlage in
ihrer Gesamtheit wohl aus zwei gleich großen Toren und zwei Flankentürmen (deren Höhe das Niveau des erhaltenen deutlich überragte), ver-
gleichbar der berühmten „Porta Nigra" in Trier.

Feind hin (das hieß in Regensburg: nach Norden, zur Donau), die „porta praetoria"; nach rechts und links, ostwärts und westwärts, die „porta principalis dextra" und die „porta principalis sinistra"; nach hinten, in Richtung Süden, die „porta decumana". Die Tore waren jeweils Doppeltoranlagen, sechs Meter breit, mit Flankentürmen, 20 Meter hoch. Eines der Tore, die „porta praetoria", ist bis heute teilweise erhalten, ebenso wie kleinere Abschnitte der Mauer; sie lassen die Dimensionen der Befestigungen erahnen. Die Abmessungen des Ganzen sind noch im heutigen Straßenplan erkennbar.

Das Innere des Lagers ist weniger gut dokumentiert; aufgrund späterer Überbauungen ist viel verloren gegangen. Es ist jedoch möglich, das Fehlende durch den Vergleich mit anderen Legionslagern zu erschließen; die Militärarchitektur war im ganzen Römischen Reich normiert und deshalb überall identisch. Zwei Hauptstraßen dienten der Erschließung: Zwischen den beiden „portae principales" verlief die „via principalis"; von ihr zur „porta praetoria" führte die „via praetoria". An der Straßenkreuzung in der Mitte des Lagers befanden sich die wichtigsten Einrichtungen der Legion: die „principia" mit Fahnenheiligtum, Versammlungshalle, Büroräumen und Waffenkammer, das „praetorium" mit der Kommandantur; daneben Werkstätten („fabricae"), das Lazarett („valetudinarium"), der Vorratsspeicher („horrea"), das Gefängnis („carcer"); darum herum bis zur Lagermauer die Kasernen der Soldaten sowie Ställe, Schuppen und so weiter. Die Bauweise war solide, teilweise sogar ausgesprochen repräsentativ. Die Gebäude an der „via principalis" wurden aus Stein errichtet, mit Säulen an den Fassaden; die Kasernen bestanden aus steinernen Fundamenten und Aufbauten in Fachwerktechnik; teilweise gab es Fußbodenheizung. Wasserleitungen aus dem Umland führten ins Lager; Abwasserkanäle nach außen dienten der Entsorgung.

Im Lager war eine Legion, die Dritte Italische Legion, stationiert. Sie bestand – wie im römischen Heer üblich – aus 6000 Soldaten. Etwa 100 Soldaten – davon 80, die zur kämpfenden Truppe gehörten, und 20, die in der Verwaltung, als Handwerker, als Ärzte und so weiter arbeiteten – bildeten eine Centurie; sechs Centurien bildeten eine Kohorte; zehn Kohorten bildeten die Legion. Über den einfachen Soldaten standen Gefreite, Unteroffiziere und Centurionen; über diesen Präfekten, Militärtribune und, zuletzt, der Legionskommandant. Bei den Römern galt das Prinzip, daß die Spitzen der militärischen und der zivilen Gewalt in einer Hand lagen; deshalb war der Legionskommandant gleichzeitig Statthalter der Provinz Rätien. Provinzhauptstadt war Augsburg; das bedeutete in der Praxis, daß sich der Statthalter-Kommandant hauptsächlich dort aufhielt; am Standort der Legion vertrat ihn einer der Militärtribune.

Die Dienstzeit der einfachen Soldaten betrug in der Regel 20 Jahre; danach wurde man ehrenvoll entlassen oder konnte den Dienst verlängern – was viele, der langen Gewöhnung wegen, auch taten. Die höheren Ränge waren meist Berufssoldaten. Der alltägliche Dienst wird – wie immer und überall – nicht gerade reich an Abwechslung gewesen sein. Training, Wachdienste und Bauarbeiten: Damit verbrachte der Legionär seine Tage. Immerhin war von Zeit zu Zeit Erholung angesagt: An heißen Quellen in der Region bestand exklusiv für die Soldaten ein Thermalbad – das heutige Bad Gögging.

Neben dem Legionslager, ein paar Kilometer westwärts, gab es noch einen zweiten Stützpunkt. Am Bogen der Donau im Bereich des heutigen Stadtteils Prüfening gelegen, hatte er die Aufgabe, die andere potentielle Einfallroute, das Tal und die Mündung der Naab, zu kontrollieren. Hier ging es – ähnlich wie früher im Fall des Lagers von Kumpfmühl – nur um Überwachung, nicht um Verteidigung; deshalb war der Stützpunkt auch wesentlich kleiner. Mit Maßen von 60 mal 80 Meter war er tatsächlich nur ein Außenposten; besetzt und unterhalten wurde er von abkommandierten Abteilungen der Legion. Ein Weg, der vorgeschichtlichen Trasse am Südufer der Donau folgend, verband ihn mit dem Legionslager.

Außerhalb der beiden Lager siedelten sich wieder – so wie es in Kumpfmühl bereits der Fall gewesen war – alle möglichen Zivilisten an, Handwerker, Händler und Wirte, Heereslieferanten, Familienangehörige der Soldaten, Veteranen; und je länger der Friede mit den Germanen andauerte, je mehr der Lebensstandard anstieg, desto größer und blühender wurden diese Siedlungen. Dies galt vielleicht nicht so sehr für das einfache, bescheidene Dorf („vicus"), das unmittelbar flußaufwärts und -abwärts des kleinen Stützpunkts gegenüber der Mündung der Naab entstand; dafür galt es um so mehr für die Zivilsiedlung des Legionslagers. Westlich von ihm entwickelte sich ein umfangreiches Händler- und Handwerkerviertel („canabae legionis"); dahinter schlossen sich Wohnstätten von Veteranen und Zugereisten an. Unter ihnen müssen sich einige durchaus wohlhabende, ja reiche Leute befunden haben; das erschließt sich – sofern archäologisch untersucht – aus der mitunter recht luxuriösen Ausstattung der Häuser. Angesichts des erstaunlich hohen Lebensstandards, der bei Grabungen immer wieder zu Tage tritt, ist anzunehmen, daß es wohl auch öffentliche Bauten gegeben hat, wie sie für größere römische Siedlungen typisch waren, Tempel, Thermen, Theater, Amphitheater und so weiter – auch wenn konkret von ihnen noch nichts gefunden worden ist. Von der Fläche her war die Siedlung sogar größer als das Lager; die Bebauung reichte südwärts bis zur heutigen Augustenstraße und westwärts bis zum Nonnenplatz und darüber hinaus. Im Norden, an der Donau, bestand die alte Schiffsanlegestelle fort; im Süden, jenseits der Wohngebiete, lagen ausgedehnte Friedhöfe.

Man sieht: Die römische Präsenz im Regensburger Raum beschränkte sich bei weitem nicht auf das Legionslager. Militärische Außenposten, Zivilsiedlungen, Schiffsanlegestellen, Friedhöfe: Das alles gehörte zusammen. Zwischen den einzelnen Orten verliefen diverse Straßen und Wege; an markanten Punkten gab es Heiligtümer und Weihesteine, die zusätzlich die Landschaft akzentuierten. Und mehr noch: Im südlichen Hinterland lagen über die

Merkur-Statue aus dem Heiligtum des Merkur am Ziegetsberg. Das Heiligtum wurde für Reisende unmittelbar an der Fernstraße von Regensburg nach Augsburg, der Hauptstadt der römischen Provinz Rätien, angelegt. – Regensburg, Historisches Museum der Stadt.

landwirtschaftlich nutzbaren Flächen hingestreut Dutzende von kleineren und größeren Bauernhöfen und Landgütern („villae rusticae"); sie produzierten einen Großteil der von Soldaten und Zivilisten benötigten Lebensmittel. Kurzum: Es war ein beeindruckendes Panorama, das sich dem Betrachter bot – am beeindruckendsten wohl von den Hängen des Ziegetsbergs aus, wo Reisende, unterwegs auf der Hauptstraße von Augsburg, das Ensemble des römischen Regensburg zu ihren Füßen ausgebreitet sahen. Hier war eine ideale Stelle zum Verweilen; hier gab es deshalb ein Heiligtum für Merkur, den Gott der Reisenden, zwecks Danksagung für glücklich überstandene Reisen.

Das Ende des römischen Regensburg

Es war ein friedliches und harmonisches Bild, das sich darbot; jedoch: Friedlich und harmonisch blieb es nur etwa sechzig Jahre lang. Schon in der ersten Hälfte des 3. Jahrhunderts machten sich erneut germanische Volksstämme bemerkbar und drängten gegen die Grenze; sie waren stärker als jemals zuvor. Was die Lage verschärfte und die Römer langfristig immer mehr in die Defensive drängte: Das Dilemma, das unter Kaiser Mark Aurel eine einmalige Ausnahme gewesen war, begann zum Dauerzustand zu werden. Die Römer kämpften im Osten ihres Reichs; die Garnisonen im Norden, an Rhein und Donau, wurden ausgedünnt; die Germanen nutzten die Gelegenheit zu beständigen Angriffen. An den Oberläufen der beiden Flüsse besonders gefürchtet: die Alemannen. Immer wieder fielen sie in Rätien ein; und diese Einfälle muß man sich zumindest für die Zivilbevölkerung, die in ihren unbefestigten Siedlungen und Bauernhöfen völlig wehrlos war, jedes einzelne Mal als Katastrophen größten Ausmaßes vorstellen, mit Sengen und Brennen, Verwüstung und Verheerung, Mord und Totschlag. Aber auch die Soldaten blieben nicht unbehelligt: Noch im 3. Jahrhundert, kurz vor 250 und kurz nach 270, wurde das Lager von Regensburg, trotz seiner massiven Befestigungen, zweimal erobert und zerstört.

Welchen Schrecken die Einfälle der Germanen über die Zivilbevölkerung im Regensburger Raum brachten, haben Funde
im Bereich eines römischen Landguts im heutigen Stadtteil
Harting beispielhaft ans Licht gebracht; hier wird, was in den
Geschichtsbüchern meist sehr theoretisch klingt, plötzlich
zum Schaudern und Entsetzen anschaulich. 1981 fand man in
einem Brunnenschacht die Skelette von 13 Menschen, Män-
nern, Frauen und Kindern. Allen waren die Schädel einge-
schlagen; manche waren geköpft; die Frauen sämtlich skalpiert. Die nüchterne Schlußfolgerung der Fachleute: Bei einem
Überfall von Germanen wurden die Bewohner des Landguts
im Rahmen einer rituellen Handlung gefoltert und getötet.
Soweit der wissenschaftliche Befund; die Szene konkret und
realistisch auszumalen, bleibt dem persönlichen Vorstellungs-
vermögen überlassen ...

Schädel einer Frau (links) und eines Mannes (rechts) aus dem Bereich des
römischen Landguts von Harting. Der Befund ergibt, daß beide, wahrscheinlich im Zusammenhang mit einem germanischen Überfall, erschla-
gen (deshalb die zertrümmerten Schädeldecken) und skalpiert wurden. –
Archäologisches Museum im BMW-Werk Regensburg.

31

Gewiß: Das zweimal zerstörte Lager wurde zweimal wieder aufgebaut – das zeigt im kleinen, was für das Römische Reich im ganzen gilt: Erstaunlich lang und erstaunlich erfolgreich widerstand es dem wachsenden Druck von außen, der beginnenden Völkerwanderung. Freilich: Unter den durch Generationen und Generationen andauernden Belastungen verwandelte und verformte es sich bis zur Unkenntlichkeit: Aus einem relativ freizügigen Gemeinwesen wurde ein nahezu perfekter Zwangsstaat. Und ebenso grundlegend änderten sich das Aussehen und der Charakter des römischen Regensburg. Die Legion wurde aufgeteilt, etwa vier Fünftel der Soldaten dezentral an anderen gefährdeten Grenzabschnitten stationiert. Im Lager wurde Platz frei; das ermöglichte es den Zivilisten, ihre ungeschützten Wohngebiete zu verlassen und hinter den Mauern Zuflucht zu finden. Die Siedlung zog sich auf ihren Kern zusammen; das Umland wurde aufgegeben; die dortige Bebauung verfiel. Aus dem Lager wurde allmählich eine Stadt. Keine besonders ansehnliche allerdings; der einstige Wohlstand hatte sich längst verflüchtigt. Wer es sich leisten konnte, war mit Sack und Pack weggezogen; wer also blieb, blieb, weil er bleiben mußte. Wegen der unsicheren Zeitläufte stagnierten Handel und Wandel; ein neuer Aufschwung war nicht in Sicht.

Natürlich verlief der Niedergang nicht geradlinig; das sieht nur bei der rückblickenden Betrachtung so aus, die Jahrzehnte und Jahrhunderte in einem Satz zusammenfaßt. Nach tiefgreifenden Umstrukturierungen in Verwaltung und Militärwesen konsolidierten sich die Verhältnisse im Reich und an seinen Grenzen zu Beginn des 4. Jahrhunderts sogar wieder; im Regensburger Raum herrschte noch einmal für einige Zeit Ruhe. Auf lange Sicht war das aber doch nur eine Atempause: In der zweiten Hälfte des 4. Jahrhunderts erneuerten die Germanen ihre Angriffe. Wieder wurde die Region – so wie viele andere auch – verheert; zum dritten Mal, im Jahr 358, wurde das Lager von Regensburg zerstört. Noch einmal gelang der Wiederaufbau; aber das Ende der römischen Herrschaft war dennoch nur mehr eine Frage der Zeit.

Wann genau schließlich das Ende kam, ist schwer zu sagen. Schriftliche und archäologische Materialien aus diesen dunklen Zeiten sind nur spärlich vorhanden; die Befunde ergeben kein eindeutiges Bild. Wahrscheinlich muß man sich überhaupt von der Vorstellung eines klar definierbaren Endpunkts in Gestalt einer bestimmten Jahreszahl trennen; der Übergang in die nachrömische Zeit dürfte fließend gewesen sein. Die wenigen verbliebenen Soldaten waren längst keine Römer mehr, sondern – wie überall im römischen Heer – germanische Söldner. Von den Zivilisten war die Oberschicht verschwunden und mit ihr ein Großteil dessen, was die römische Zivilisation ausmachte; zurückgeblieben waren einfache Leute, ohnehin mehr oder weniger Einheimische. Woran also soll man das „Römische" eigentlich noch dingfest machen? Und so bleibt die Feststellung, daß das Ende wohl irgendwann im Lauf des 5. Jahrhunderts gekommen sein wird, nicht als Zäsur, nicht in Gestalt einer germanischen Eroberung oder eines planmäßigen römischen Rückzugs, sondern als ein schleichender Prozeß. Irgendwann werden die letzten Truppen das Lager verlassen haben; vielleicht wurden sie in einer Gefahrensituation – wie in der Vergangenheit schon öfter geschehen – anderswo dringend gebraucht und dann nicht wieder in ihren alten Standort zurückverlegt. Für die Zivilisten wird sich dabei gar nicht so viel verändert haben: Statt germanischen Söldnern bekamen andere Germanen das Sagen. Ein unspektakulärer Übergang; gerade er aber sollte für das weitere Schicksal Regensburgs bestimmend werden: Er sicherte die Kontinuität von der zuendegegangenen Antike zum beginnenden Mittelalter.

Herzöge und Bischöfe, Könige und Kaiser: Regensburg im frühen Mittelalter

Als im Verlauf des 5. Jahrhunderts die Römer aus Regensburg verschwanden, verschwand mit ihnen auch ein großer Teil ihrer Errungenschaften, ihrer Zivilisation. Die Menschen, die am Ort ansässig blieben, bekamen die Folgen hautnah zu spüren: Das Leben wurde deutlich einfacher, bescheidener, primitiver. Zu spüren bekommt den Wandel von damals aber auch noch der Historiker von heute: Die Quellen, aus denen er sein Wissen um diese Zeiten schöpft, fließen nur sehr spärlich. Kaum jemand, zum Beispiel, hielt mehr etwas schriftlich fest; so ist nichts vorhanden, was zum Sprechen gebracht werden könnte. Konkret: Zu römischer Zeit wird Regensburg letztmals um 430 erwähnt, in einem Verzeichnis der Truppenstützpunkte im Reich, und danach erst wieder um 770; das ergibt eine Lücke von mehr als 350 Jahren. Eine Lücke, in der Entscheidendes passiert sein muß: Es war die Zeit der Völkerwanderung, als ganz Europa sich von Grund auf verwandelte. Was damals in Regensburg geschah, kann angesichts des fehlenden oder doch sehr spärlichen Materials oft nur indirekt ermittelt werden; beinahe ist es wieder wie zu Zeiten der Vor- und Frühgeschichte, als auch vieles nur durch Vermutungen zu erschließen war.

Von den Römern zu den Bayern

Es ist schon die Rede davon gewesen: Wahrscheinlich muß man sich das Ende des römischen Regensburg als fließenden Übergang, als Prozeß vorstellen. Die Zeitläufte waren unruhig; der Lebensstandard sank; die Zivilisation verfiel. Die römische Garnison wurde immer kleiner, der Anteil germanischer Söldner in ihr immer größer. Vermutlich in der zweiten Hälfte des 5. Jahrhunderts, im Zusammenhang mit neuerlichen Angriffen der Alemannen, verschwanden die letzten verbliebenen Soldaten; die römische Herrschaft war Geschichte.

Wann genau der letzte Akt römischer Geschichte in Regensburg sich abspielte, bleibt im Dunkeln; Zeugnisse, die exakte Angaben zulassen würden, fehlen. Es gibt nur eine einzige Quelle, die zumindest die Hintergründe ein bißchen aufhellt: die „Vita Severini", die Lebensgeschichte des Bischofs Severin, verfaßt zu Beginn des 6. Jahrhunderts. In den letzten Zeiten des Römischen Reichs – so heißt es dort – sei der Militärstützpunkt in Passau von dauernden Angriffen der Alemannen bedroht gewesen; den Verteidigern sei schließlich klar geworden, daß sie über kurz oder lang würden aufgeben müssen, so wie die Garnisonen aus den Stützpunkten weiter oben am Lauf der Donau bereits aufgegeben hätten. Es ist offensichtlich, daß mit diesen Stützpunkten unter anderem auch Regensburg gemeint ist; damit kommt etwas Licht ins Dunkel. Der Bericht spricht nämlich indirekt einen ganz konkreten Zeitpunkt an, das Jahr 476, als der letzte römische Kaiser abgesetzt wurde und das Römische Reich sozusagen sein offizielles Ende fand. Passau leistete damals noch Widerstand; Regensburg war bereits verloren gegangen – allerdings sicher nicht wesentlich früher. Man kann also festhalten: Das römische Regensburg hörte wahrscheinlich einige Jahre vor 476 auf zu existieren.

Ganz wichtig dabei: Das römische Regensburg wurde aufgegeben, und nicht etwa erobert. Diesen Befund liefert die Archäologie. Nirgendwo in der Stadt ist man bisher bei Grabungen auf Spuren großflächiger und weiträumiger Zerstörungen gestoßen; das spricht dafür, daß der Stützpunkt nicht gewaltsam eingenommen, sondern mehr oder weniger planvoll geräumt wurde. Allerdings mit Sicherheit nicht vollständig: Wer abzog, waren die verbliebenen Soldaten und die letzten Reste von Verwaltungspersonal; wer blieb, waren die einfachen Leute. Daß dem so war, auch dafür gibt es Hinweise: Keramische Erzeugnisse, die aus der Zeit nach 500 stammen, zeigen in ihrer Gestaltung immer noch römisches Gepräge; nur langsam taucht

Keramik aus spätrömisch-frühgermanischer Zeit. Die Technik der Ware ist römisch, die Ornamentik germanisch; dies belegt die Mischung römischer und germanischer Elemente im Regensburg der Völkerwanderungszeit. – Regensburg, Historisches Museum der Stadt.

typisch germanische Formensprache auf; es kommt zu Mischungen. Das dürfte ziemlich genau widerspiegeln, was in Regensburg geschah: Teile der römischen Bevölkerung blieben, wo sie waren; unter sie mischten sich allmählich immer mehr Germanen. Die Archäologen und Historiker sprechen von der sogenannten „Siedlungskontinuität"; sie lieferte die entscheidende Voraussetzung dafür, daß die Stadt sich überhaupt weiterentwickeln konnte.

Die ankommenden Germanen waren allerdings nicht identisch mit den einst so furchterregenden Alemannen; sie hatten sich inzwischen umorientiert und weiter westlich gelegenen Gebieten zugewandt. Der Regensburger Raum und seine Umgebung wurde, was die Herrschaft anging, vorübergehend zu einem Vakuum; im Lauf der Zeit füllte es sich mit Neueinwanderern. Wer diese waren und woher sie kamen, das ist bis heute noch nicht unstrittig bewiesen. Fest steht nur, daß es um die Mitte des 6. Jahrhunderts in den Quellen plötzlich heißt, in dem Gebiet östlich der Alemannen lebe der Volksstamm der Bayern. Die Historiker neigen im allgemeinen zu der Auffassung, daß sich in den „Bayern" oder besser: „Bajuwaren", wie sie genannt wurden, „viri" aus „Baia", also „Männer aus Böhmen" identifizieren lassen. Wobei gleichzeitig betont wird, daß diese vermutlich nicht – wie in anderen Fällen der Völkerwanderung – in großen Mengen eingewandert seien und planvoll das Land erobert hätten; eher dürften sie eine relativ kleine Gruppe gewesen sein, die zu den aus römischer Zeit Übriggebliebenen hinzukam. Wahrscheinlich nutzten sie dann aber die unklaren Verhältnisse dazu, sich selbst zu Herren aufzuschwingen, Land und Leute zu organisieren und dem Ganzen ihren Namen zu geben. Als sie erstmals erwähnt wurden, waren sie jedenfalls schon fest dort etabliert, wo sie bis heute geblieben sind.

Regensburg muß an den Ereignissen, die sich damals abspielten, einen bedeutenden Anteil gehabt haben. Auch dazu gibt es mangels konkreter Nachrichten nur Hypothesen; sie klingen jedoch sehr plausibel. Die Bajuwaren kamen aus Böhmen; das heißt: Bei ihrer Einwanderung werden sie dem traditionellen Weg längs des Regentals gefolgt sein. In diesem Fall erreichten sie zwangsläufig als erstes Regensburg. Was fanden sie vor? Etwas, was sie sicher noch nie zuvor gesehen hatten: einen Ort mit den intakt gebliebenen steinernen Befestigungsanlagen aus römischer Zeit. So etwas aus eigenen Kräften zu bauen, dazu wären die Bajuwaren niemals in der Lage gewesen; nicht einmal ansatzweise verfügten sie über die nötigen bautechnischen Fähigkeiten. So lag es nahe, daß sie den Ort einfach übernahmen und für ihre eigenen Zwecke nutzten. Sie ließen sich nieder – und hatten von nun an eine nahezu unangreifbare Position inne. Möglicherweise war es genau das, was ihnen im Vergleich mit den anderen

Bevölkerungsgruppen, die in der Region lebten, einen entscheidenden Vorsprung verschaffte – einen Vorsprung, der es ihnen überhaupt erst ermöglichte, Herrschaft zu beanspruchen und durchzusetzen. So gesehen, wäre Regensburg geradezu die Keimzelle der bayerischen Stammesbildung; von hier aus – könnte man sagen – wurde das Land Bayern geschaffen.

Das alles sind zwar Vermutungen, aber sie haben doch einiges für sich. Ein bezeichnender Hinweis findet sich nämlich in der Quelle, die Regensburg nach jahrhundertelanger Pause erstmals wieder schriftlich nennt, die „Vita Emmerami", die Lebensgeschichte des Wander- und Missionsbischofs Emmeram, verfaßt um 770. In ihr wird mehrfach die Stadt beschrieben, wie sie sich zu seiner Zeit, gegen Ende des 7. Jahrhunderts, präsentierte; und dabei tauchen interessanterweise als besondere Kennzeichen auf, daß sie – erstens – mit einer unbezwingbaren Mauer aus Quadersteinen umgeben und – zweitens – die Hauptstadt der Bayern sei, mit dem Sitz ihres Anführers, des Herzogs. Zusammengenommen fügen sich beide Elemente perfekt in die skizzierte Theorie ein. Regensburg hatte seine römischen Befestigungen behalten; das machte den Ort für die ins Land kommenden Bajuwaren zu etwas Besonderem. Er war für sie nicht einfach eine Siedlung unter vielen anderen; sie nutzten ihn als Zentrale, von der aus sie ihre Herrschaft begründeten. Hier war die Spitze des Stammes ansässig, der Herzog mit seinen Leuten. Als erster wird um 555 ein gewisser Garibald genannt, aus dem Geschlecht der Agilolfinger. Regensburg wurde zur Hauptstadt Bayerns.

> „Er zog weiter in das südliche Deutschland zu den Fluten der Donau im bayerischen Lande. Und indem er ihrem Lauf folgte, gelangte er nach der Stadt Regensburg, die, aus behauenen Steinen erbaut, die feste Hauptstadt dieses Volkes geworden war. Hier regierte damals als Herzog des Bayernstammes der wackere Theodo. (...) Die Stadt (...) war uneinnehmbar, aus Quadern erbaut, mit hochragenden Türmen, und mit Brunnen reichlich versehen; im Norden bespült

sie die Donau, die in geradem Lauf gen Osten strömt" – mit diesen Worten schildert der Autor der „Vita Emmerami", Arbeo von Freising, dessen Ankunft in Regensburg. Zum ersten Mal überhaupt wird hier die mittelalterliche Stadt erwähnt. Und an einer anderen Stelle, als ein Pilger sich Regensburg nähert, heißt es: „Er stand (..) mit müden Gliedern auf dem Berge oberhalb der Weinpflanzungen, zwischen Donau und Regen, wo sie zusammenfließen. Von diesem Gipfel erblickte er (...) die weit ausgedehnte, mit Mauern und Turmbauten bewehrte Stadt." Diese Detailkenntnis belegt: Arbeo muß Regensburg aus eigener Anschauung gekannt haben. Seine Beschreibung ist die eines Augenzeugen. (Übersetzung: Bernhard Bischoff)

Freilich: Unter einer Hauptstadt darf man sich im 7. Jahrhundert nicht einmal ansatzweise vorstellen, was man heute mit dem Begriff verbindet. Jeder, der damals regierte, tat dies nicht von einem festen Punkt aus, sondern war ständig unterwegs; nur so konnte er in Zeiten fast vollständig fehlender Kommunikationsstrukturen einigermaßen den Überblick über das behalten, was in seinem Land vorging. Und so waren die Herzöge von Bayern keineswegs immer in Regensburg präsent, sondern nur von Fall zu Fall. Zum Beispiel wenn sie Hof- oder Gerichtstage abhielten; dann wurden die Mächtigen des Landes zu gemeinsamer Beratung geladen oder auch Straftäter zitiert und abgeurteilt. Eine andere Möglichkeit: Im Winter kamen die politischen Geschäfte – so wie alle anderen – mehr oder weniger zum Erliegen; dann zog man sich an einen festen Ort zurück und wartete auf bessere Zeiten. Für solche und ähnliche Gelegenheiten gab es in Regensburg eine eigene Residenz der Herzöge, eine „Pfalz". Erhalten geblieben ist nichts von ihr; deshalb fällt es schwer, sich ein konkretes Bild zu machen. Mit ziemlicher Sicherheit kann man jedoch immerhin den Ort identifizieren, an dem sie sich befand. Aller Wahrscheinlichkeit nach ist er dort anzunehmen, wo auch in späteren Zeiten die Stadtherren von Regensburg residierten, nämlich am heutigen Alten Kornmarkt. Hier war schon in spätrömischer Zeit ein besonders vornehmer Platz, wo wichtige Personen, möglicherweise

Pfalz am Alten Kornmarkt, westlicher Teil; Federzeichnung, Regensburg 1572. Zu sehen sind die auch heute noch – wenn auch in abgewandelter Form – vorhandenen Gebäude der Alten Kapelle, des Herzogshofs und des „Römerturms" (eines Turms, der im Mittelalter unter teilweiser Verwendung von römischem Baumaterial errichtet wurde; deshalb der Name). Die Zeichnung gibt allerdings den hoch- und spätmittelalterlichen Bauzustand wider; der der frühmittelalterlichen Pfalz der agilolfingischen Herzöge ist nirgends dokumentiert. – München, Bayerisches Hauptstaatsarchiv.

der Kommandant der Garnison, wohnten; diese Tradition wird sich gehalten haben. Auch sie ist übrigens wieder ein kleines Mosaiksteinchen, das gut zum Bild der Siedlungskontinuität in der Stadt paßt.

Frühes Christentum

Es gibt einen weiteren Strang, der in Regensburg von der Antike zum Mittelalter führt und die bereits mehrfach angesprochene These von der Kontinuität in der Stadt stützt, nämlich das Christentum. Von der Obrigkeit zunächst bekämpft, dann geduldet, schließlich gefördert, breitete sich das Christentum im 4. Jahrhundert im ganzen Römischen Reich aus; es erreichte auch dessen abgelegenste Grenzposten. Was die Verhältnisse in Regensburg angeht, spricht ein Grabstein aus dieser Zeit eine deutliche Sprache: Seine Inschrift gedenkt des Todes einer gewissen Sarmannina oder Sarmannana; dabei tauchen eindeutig christliche Formulierungen auf wie „in Frieden ruhend" oder „den Märtyrern beigesellt". Ein anderes Beispiel ist die bereits erwähnte „Vita Severini", die Lebensgeschichte des Bischofs Severin. Aus ihr geht hervor, daß zum Zeitpunkt, als die letzen römischen Truppen sich zurückzogen, in den Grenzorten an der Donau das Christentum bereits ziemlich weit ausgeformt war, mit einer festen kirchlichen Organisation, mit bestimmten Riten und so weiter. Es ist dabei zwar nicht ausdrücklich von Regensburg die Rede; aber es spricht alles dafür, daß die Dinge dort sich nicht wesentlich von denen anderswo unterschieden.

Diese relativ stabilen Verhältnisse wurden durch die Wirren der Völkerwanderung empfindlich gestört. Die staatlichen Verwaltungsstrukturen zerbrachen und mit ihnen auch die der Kirche. Die beiden Bereiche waren im Römischen Reich zuletzt unlösbar miteinander verbunden gewesen; jetzt – eine logische Konsequenz – nahmen sie gemeinsam Schaden. Der christliche Glauben wird in Regensburg allerdings nicht völlig verschwunden sein; die

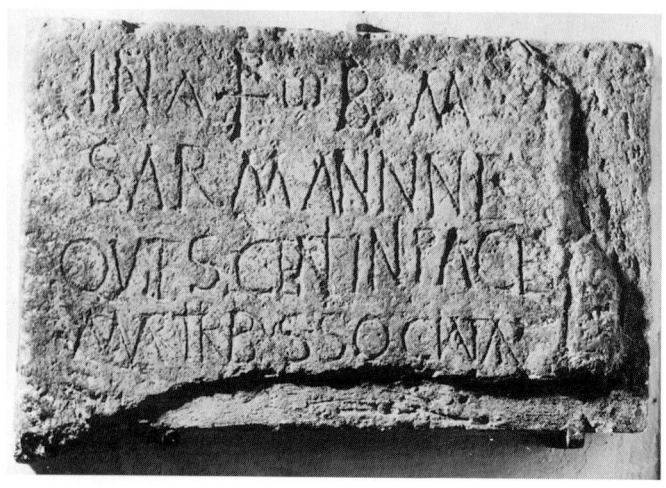

Grabstein der Sarmannina/Sarmannana aus spätrömischer Zeit. Die deutlich lesbaren Formulierungen „quiescenti in pace" (= „in Frieden ruhend") und „martiribus sociatae" (= „den Märtyrern beigesellt") weisen eindeutig auf christliches Gedankengut hin. – Regensburg, Historisches Museum, der Stadt.

zurückbleibenden römischen Bevölkerungsreste hielten an ihm fest. Doch die germanischen Zuwanderer brachten ihre eigenen religiösen Kulte mit; und so wie sich die beiden Gruppen allmählich vermischten, vermischten sich auch ihre Glaubensformen. Von einer „reinen Lehre" jedenfalls darf man in den unruhigen Zeiten der Völkerwanderung keinesfalls ausgehen.

Genau dies, die Existenz eines bestenfalls rudimentären Christentums, durchsetzt mit heidnischen Gebräuchen aller Art, führte dazu – als die Verhältnisse sich wieder beruhigt und gefestigt hatten –, daß das Land Bayern und seine Hauptstadt Regensburg noch einmal von Grund auf missioniert und christianisiert wurden: eine „Reinigungsmaßnahme" sozusagen. Anders als in der Spätantike trägt diese zweite Christianisierung deutlich die Züge eines planvollen Vorgehens. In Regensburg ist sie ver-

bunden mit den Namen von drei Wander- und Missions-
bischöfen, die gegen Ende des 7. Jahrhunderts die Stadt
aufsuchten und jeweils für eine gewisse Zeit in ihr wirkten:
Rupert, Emmeram und Erhard. Sie alle wurden nach ihrem
Tod in den Rang von Heiligen erhoben – woraus sich der
glückliche Umstand ergibt, daß über sie jeweils erstaunlich
viel bekannt ist. Denn im Zusammenhang mit einer Hei-
ligsprechung war es im Mittelalter üblich, eine sogenannte
„Vita", eine Lebensgeschichte des Betreffenden zu verfas-
sen; so auch bei den drei Bischöfen. (Die des Emmeram ist
bereits erwähnt worden.) Diese Viten sind zwar allesamt
mit Legenden und Wundergeschichten ausgeschmückt; sie
haben jedoch immer auch einen historischen Kern und
sind deshalb als Informationsquellen der Zeit, die sie
beschreiben, von beträchtlichem Wert.

Rupert war wahrscheinlich der erste der drei Bischöfe, der,
aus dem Gebiet des fränkischen Reichs kommend, in
Regensburg wirkte. Er blieb allerdings nicht lange in der Stadt;
seine Tätigkeit ist bekanntlich vor allem mit Salzburg verbunden, wo er bis heute besonders verehrt wird. In Regensburg
taufte er der Legende nach den bayerischen Herzog Theodo
und legte damit das Fundament für die Entfaltung des Christentums. (Aus der eigens errichteten Taufkapelle übrigens –
so die Überlieferung – sei in der Folge die herzogliche Pfalzkapelle geworden, die heutige Alten Kapelle am Alten Kornmarkt – weswegen diese sich rühmt, „der Anfang aller Got-
teshäuser in Bayern" zu sein.) – Wenige Zeit später kam,
ebenfalls aus dem fränkischen Reich, Emmeram in die Stadt.
Seine „Vita" ist höchst dramatisch: Nach einigen Jahren des
Wirkens am Hof Herzog Theodos kam eines Tages dessen
Tochter Ota zu ihm und vertraute ihm an, sie sei schwanger
vom Sohn eines einfachen Bediensteten. Um sie vor dem
Zorn ihrer Familie zu schützen, riet Emmeram ihr, sie solle ihn
selbst als Vater angeben. Er verließ die Stadt; doch Lantpert,
der Sohn des Herzogs, stellte ihm mit ein paar seiner Leute
nach, holte ihn ein und brachte ihn auf offenem Feld um,
indem er ihn bei lebendigem Leib in Stücke hauen ließ. In
Gestalt eines vierzigtägigen Unwetters bekam Herzog Theodo
den Zorn Gottes zu spüren; zur Buße veranlaßte er schließlich,
daß der Leichnam Emmerams nach Regensburg zurückge-

bracht und dort feierlich beigesetzt wurde. Am Bestattungsort, einer alten St.-Georgs-Kirche, entwickelte sich in der Folge das Kloster St. Emmeram. – Erhard, wiederum aus dem fränkischen Reich, dürfte der letzte der drei Bischöfe gewesen sein. Er war der einzige, der dauerhaft in Regensburg blieb und dort auch starb. Sein Grab in der Niedermünsterkirche ist in den 1960er Jahren gefunden und identifiziert worden.

Vergleicht man die Lebensgeschichten der drei Bischöfe, stößt man auf interessante Gemeinsamkeiten. So wird beispielsweise von allen dreien berichtet, sie seien aus dem Gebiet des fränkischen Reichs, des heutigen Frankreich, nach Bayern und Regensburg gekommen. Hier zeigt sich im kleinen ein allgemeiner Zug der Zeit: Vielfältige kulturelle Impulse kamen damals von den Franken und wirkten von Westen nach Osten. Nun sind aber kulturelle Einflüsse immer, jedenfalls ein Stück weit, auch politische Einflüsse; so spiegeln die Geschichten der drei Bischöfe exakt die Verhältnisse der Zeit, die geprägt war von einer kontinuierlichen Expansion des fränkischen Reichs in östlicher Richtung. Die Auswirkungen waren bis nach Regensburg zu spüren.

Eine weitere Gemeinsamkeit: Alle drei Bischöfe wandten sich zu Beginn ihrer Missionstätigkeit als erstes nach Regensburg, dorthin, wo der Herzog sich aufhielt. Dies unterstreicht eindrucksvoll die Bedeutung der Stadt als zentralen Ort des Landes; es macht aber auch deutlich, wie der Mechanismus von Missionierung und Christianisierung damals funktionierte. Offensichtlich gingen die Missionare als erstes nicht zu den einfachen Menschen, sondern zu den Herrschern. Waren sie gewonnen, konnte man ihre Autorität dazu nutzen, auf das ganze jeweilige Land und seine Leute zu wirken. Eine Strategie, von der beide Seiten profitierten: Die Kirche stützte sich auf die Herrscher, um sich zu etablieren; die Herrscher nutzten die Kirche, um ihre Untertanen nicht nur äußerlich, sondern auch innerlich zu binden. Von den ersten Anfängen an waren somit kirchliche und weltliche Macht aufs engste miteinander verflochten; dies sollte – in Regensburg und anderswo – für das ganze Mittelalter und weit darüber hinaus charakteristisch bleiben.

Das Ergebnis der dreifachen Missionstätigkeit: Etwa ab dem Jahr 700, unter der Regentschaft des Herzogs Theodo, darf das Land Bayern im wesentlichen als christianisiert gelten. Die Hauptstadt Regensburg war Bischofssitz. Erste Kirchen wurden errichtet: die Alte Kapelle bei der Pfalz am Alten Kornmarkt für den Herzog; das Niedermünster, gleich daneben, für den Bischof; dazu kam am Stadtrand, an der Grablege des einen der drei Bischöfe, das Kloster St. Emmeram. Besonders aussagekräftig: die unmittelbare Nachbarschaft von Bischofskirche und Herzogspfalz. Auch räumlich, für jedermann sichtbar, manifestierte sich hier das enge Vertrauensverhältnis, in dem kirchliche und weltliche Macht zueinander standen.

Einige Jahrzehnte später wurde der bischöfliche Sitz in Regensburg plötzlich verlegt, weg von der Pfalz, westwärts, dorthin, wo er seither geblieben ist. Eine Domkirche St. Peter samt Bischofshof entstand; 778 wird sie erstmals erwähnt. (Am bisherigen Ort, dem Niedermünster, machte kurz darauf ein adeliges Damenstift ansässig.) In dieser Verlegung scheint sich – im wahrsten Sinn des Worts – eine gewisse Distanzierung des Bischofs vom Herzog auszudrücken und damit ein Wandel im Verhältnis der beiden zueinander – ein Vorgang, der sich erklärt, wenn man einen Blick darauf wirft, wie sich die kirchlichen Verhältnisse in der Zeit nach 700 weiterentwickelten.

Die drei Bischöfe hatten die Fundamente der Kirche in Bayern gelegt; Herzog Theodo hatte sie unterstützt, weil – wie schon erwähnt – ihr Tun auch in seinem Interesse lag. Was ihn allerdings störte, war der starke fränkische Einfluß, der dadurch in sein Land kam, insbesondere dessen politische Dimensionen. Um ihn zurückzudrängen und eine eigenständige Landeskirche aufzubauen, wandte er sich an den Papst in Rom; auf ihn sollte die bayerische Kirche in Zukunft ausgerichtet werden. Einer seiner Nachfolger, Herzog Odilo, vollendete diese Politik. Im Jahr 739 kam als päpstlicher Gesandter Bonifatius, der berühmteste

Missionar seiner Zeit, nach Bayern und organisierte, oder besser: reorganisierte das Kirchenwesen. Er bestimmte, daß es künftig vier Bistümer im Land geben sollte, mit klar definierten Grenzen, nämlich Regensburg, Salzburg, Passau und Freising; in dreien davon – auch in Regensburg – setzte er neue Bischöfe ein. Mit dieser sogenannten „kanonischen Gründung" der bayerischen Bistümer war zweierlei erreicht. Zum einen: Die Kirche hatte eine feste Organisationsstruktur erhalten; sie sollte bis in die Gegenwart bestehen bleiben. Zum anderen: Der fränkische Einfluß schwand; die Kirche in Bayern blickte jetzt nicht mehr nach Westen, sondern nach Süden, nach Rom.

Was allerdings weder Herzog Theodo noch Herzog Odilo ahnten: Indem sie die Kirche an den Papst banden, banden sie sie auch an dessen Autorität. Das Selbstbewußtsein der kirchlichen Amtsträger wuchs dadurch beträchtlich; das bekamen binnen kurzem auch und gerade die Herzöge zu spüren. Die kirchliche Macht fing an, sich von der weltlichen zu emanzipieren, Einflußnahmen zurückzuweisen, ihre Eigenständigkeit zu betonen – alles Dinge, die es vorher nicht gegeben hatte. In Regensburg kam ein weiteres hinzu: Der Bischof war zu einem mächtigen Mann geworden; Bonifatius hatte verfügt, daß sein Amt mit dem des Abts des neuen, aufstrebenden Klosters St. Emmeram in Personalunion verbunden sein sollte. Kein Wunder, daß der Bischof die Nachbarschaft zum Herzog zunehmend als einengend und lästig empfand. Das Resultat: Er zog um, weg vom Herzog und seiner Pfalz; er distanzierte sich. Ein eigener Dombezirk entstand, und daß dessen Kirche dem Petrus geweiht wurde, war mit Sicherheit kein Zufall: Schließlich war Petrus der Schutzheilige des Papstes! Von nun an gab es nicht mehr eine, sondern zwei Mächte, die in Regensburg ihre Ansprüche geltend machten.

„Urbs regia" – „königliche Stadt"

Eine weitere Macht kam wenig später hinzu; ihr Auftauchen in Regensburg ist mit einem der „Schicksalsjahre" der bayerischen Geschichte verbunden. Das Ereignis als solches ist allgemein bekannt: Im Jahr 788 wurde der bayerische Herzog Tassilo III. vom fränkischen König (und bald auch Kaiser) Karl dem Großen aus dem Geschlecht der Karolinger abgesetzt und sein Land dessen Reich eingegliedert. Die seit längerem anhaltende Expansion der Franken erreichte gewissermaßen ihren logischen Schlußpunkt: Bayern verlor seine Selbständigkeit und wurde Teil eines größeren Ganzen – was es seither geblieben ist.

Für Regensburg ergaben sich daraus höchst wichtige Konsequenzen. Der König und Kaiser Karl der Große war Rechtsnachfolger des Herzogs Tassilo III.; das bedeutete: Aus der Herzogsstadt wurde eine Königs- und Kaiserstadt – und aus der Herzogspfalz eine Königs- und Kaiserpfalz. Das war der springende Punkt, der Regensburg davor bewahrte, zu einer beliebigen Provinzstadt abzusinken: Karl dem Großen fiel eine voll funktionsfähige Residenz zu; es lag nahe, sie bei Bedarf auch zu nutzen. Und sein Bedarf war beträchtlich: Sofort nach der Inbesitznahme Bayerns streckte er seine Fühler noch weiter ostwärts aus, in Richtung Böhmen und Balkan; dabei diente ihm Regensburg als ein idealer Stütz- und Ausgangspunkt, für Kriegszüge ebenso wie für diplomatische Aktionen. Insgesamt dreimal weilte Karl der Große hier – der Herrscher eines Reichs, das weite Teile West- und Mitteleuropas umfaßte. Was das für die Stadt bedeutete, liegt auf der Hand: Der Rahmen ihrer Existenz, die Perspektiven ihrer Entwicklung weiteten sich gewaltig. Regensburgs große Zeit begann.

Freilich: Für Karl den Großen war Regensburg nur eine Stadt unter vielen anderen. Auch ein Herrscher wie er, gerade einer wie er, der über ein so riesiges Reich gebot, mußte immer wieder reisen, wenn er den Überblick und die Kontrolle behalten wollte – ganz so, wie auch, in kleinerem

Maßstab, die bayerischen Herzöge hatten reisen müssen. Karl der Große besuchte viele Städte; und wenn es unter ihnen eine gab, die er bevorzugte, dann war dies bekanntermaßen Aachen, das ideelle Zentrum des Reichs. Nach seinem Tod jedoch änderte sich das, sehr zum Vorteil von Regensburg. Seine Nachfolger und Erben zerstritten sich bald; sein Reich zerfiel, im wesentlichen in ein westfränkisches und ein ostfränkisches Reich, die Vorläufer der Länder Frankreich und Deutschland. Für keines der beiden Teilreiche war Aachen als Zentralort geeignet. Im Osten, wo Städte damals noch überaus rar waren, liefen die Dinge fast von allein auf Regensburg zu. Hier bestand eine Pfalz; hier hatten die Herrscher – ebenfalls aus dem Erbe der Herzöge – ausgedehnte Besitzungen, und zwar nicht nur innerhalb der Stadt, sondern auch in ihrem Umland, in Gestalt von Gutshöfen, Feldern und Forsten, Wiesen und Weinbergen. Ein wichtiger Aspekt, vor allem für die Versorgung des Herrschers und seines Gefolges: Von irgendwelchen Erträgen mußte man sich schließlich ernähren! Die nötige Infrastruktur war also vorhanden; hinzu kam die günstige geographische Lage, immer mit dem Blick nach Osten. Kurzum: Regensburg wurde wieder, wie schon zu Zeiten der bayerischen Herzöge, zur Hauptstadt, diesmal zur Hauptstadt des gesamten Ostfränkischen Reichs.

Ludwig der Deutsche zum Beispiel (826–876), einer der Enkel Karls des Großen, kam zu insgesamt 33 Besuchen nach Regensburg; viele davon dauerten mehrere Monate. Besonders gern weilte er zu hohen Fest- und Feiertagen – Weihnachten, Ostern, Pfingsten – hier. War er selbst abwesend, ließ er häufig seine Familie da. (Seine Gemahlin Hemma entwickelte enge Bindungen zum neugegründeten Damenstift Obermünster; nach ihrem Tod wurde sie dort auch bestattet.) All das zeigt, daß Ludwig die Stadt nicht nur bei aktuellen Anlässen nutzte; vielmehr scheint er sie als feste Residenz betrachtet zu haben, eben als Hauptstadt. Vor diesem Hintergrund überrascht es nicht zu hören, daß er die alte Pfalz aus den Zeiten der Herzöge komplett durch Neubauten ersetzen ließ. Auch von ihnen ist nichts erhalten; sie dürften aber den Alten Kornmarkt von allen Seiten umgeben haben, mit Repräsentationsgebäuden im Westen, mit Wirtschaftsgebäuden im Norden und Osten und mit der Pfalzkapelle, der Alten Kapelle, im Süden.

Etwas später, während der Herrschaft Arnulfs von Kärnten (887–899), bot sich exakt dasselbe Bild: 22 Besuche, darunter viele von langer Dauer, bei Abwesenheit Verbleib der Familie. Mehr noch: Arnulf versuchte, aus Regensburg das zu machen, was Karl der Große aus Aachen gemacht hatte: das ideelle Zentrum seines Reichs. Er nutzte Regensburg nicht nur als Hauptstadt, er bezeichnete es auch so: „Urbs regia", „königliche Stadt" heißt es in seinen Urkunden. Und diese Hauptstadt erhielt sogar eine religiöse Dimension. Arnulf verlegte seine Residenz, mittels eines nochmaligen Pfalzneubaus, in den Bereich des Klosters St. Emmeram; symbolisch stellte er damit sich und sein Reich unter den Schutz des dort bestatteten Heiligen. Der dahinter stehende Gedanke: Emmeram sollte zum Reichsheiligen erhoben und durch seine gemeinsame Verehrung in den Untertanen das Gefühl der Zusammengehörigkeit gefördert werden. Faktisch und ideell: Regensburg war Hauptstadt, eine Hauptstadt mit allem, was damals dazugehörte. Die Perspektiven für die Zukunft hätten nicht günstiger sein können.

Jedoch: Aufs Ganze gesehen, blieben diese Zeiten letztlich nur Episode. Auf Arnulf von Kärnten folgte sein Sohn Ludwig das Kind (899–911); er starb in jungen Jahren, ohne Erben. Die Mächtigen des Ostfränkischen Reichs, das man inzwischen zunehmend als das deutsche Reich zu bezeichnen begann, wählten einen neuen König, zunächst den Franken Konrad I. (911–918), dann, nach dessen ebenfalls kinderlosem Tod, den Sachsen Heinrich I. (919–936). Beide herrschten naheliegenderweise von dort aus, wo sich der Schwerpunkt ihrer jeweiligen Besitzungen befand. Bayern und Regensburg rückten vom Zentrum an den Rand des Geschehens. Die Funktion Regensburgs als Hauptstadt des Reichs verflüchtigte sich.

Daß die neuen Könige sich von Regensburg abwand-
ten, dafür gab es allerdings noch einen anderen, mindestens ebenso triftigen Grund: In gewisser Weise wurden sie
nämlich geradezu aus der Stadt verdrängt. Während der
Herrschaft Ludwigs des Kindes hatte sich in Bayern neben
der – geschwächten – Macht des Königs wieder die Macht
eines Herzogs entwickelt. Ein Adeliger namens Luitpold
hatte sich hervorgetan und die drängendste Aufgabe der
Zeit übernommen, die Verteidigung des Landes gegen
einen neuen, gefährlichen Feind aus dem Osten, die
Ungarn. Nachdem er gestorben war, war ihm sein Sohn
Arnulf in seiner Funktion nachgefolgt; er bezeichnete sich,
erstmals seit den Zeiten Tassilos III., wieder als Herzog von
Bayern (907–937). Niemand widersprach ihm; das zeigt,
daß seine Machtfülle beträchtlich gewesen sein muß. Seit
dem Tod Ludwigs des Kindes schließlich beanspruchte er
allein die Herrschaft im Land Bayern und in dessen Hauptstadt Regensburg.

Es war fast zwangsläufig, daß es mit den neuen Köni-
gen, zuerst mit Konrad I., später mit Heinrich I., zu Spannungen und Streitigkeiten, bald auch zum Krieg kommen
mußte. Feldzüge und Gegenfeldzüge folgten einander in
raschem Wechsel; einmal hatte die eine, einmal die andere
Partei den Vorteil auf ihrer Seite. Schlachten wurden geschlagen, Abkommen geschlossen und wieder gebrochen:
Es war eine unruhige und im Rückblick ziemlich ver-
wirrende Zeit. Im Brennpunkt der Auseinandersetzungen
stand Regensburg, die Hauptstadt Bayerns. Mehrmals
wurde sie belagert, häufiger ohne als mit Erfolg: Die
Mauern aus römischer Zeit leisteten immer noch gute
Dienste. Doch sie waren inzwischen zu eng geworden:
Regensburg war gewachsen; im Westen waren neue Quar-
tiere entstanden. Jetzt, um 920, wurden auch sie von Herzog Arnulf mit Mauern umgeben; das war, seit dem Verschwinden der Römer, die erste derartige Baumaßnahme
nördlich der Alpen!

Als Herzog Arnulf im Jahr 937 starb, gingen die Auseinandersetzungen keineswegs zuende; es erwies sich, daß

der bayerische Partikularismus nicht zwangsläufig an eine bestimmte Person gebunden war. Die Herzogswürde blieb bestehen und mit ihr der Antagonismus zum jeweiligen König. Der Sohn und Nachfolger Heinrichs I., König und Kaiser Otto der Große (936–973), schien sich einen Vorteil zu sichern, als es ihm 942 gelang, seinen eigenen Bruder Heinrich zum Herzog von Bayern zu machen; doch bemerkenswerterweise änderten sich die Dinge damit nicht grundsätzlich: Schon in der nächsten Generation begannen die bayerischen Verwandten der königlichen Familie auch wieder in erster Linie bayerische Interessen zu vertreten; der Konflikt mit dem Reich dauerte an. Immerhin kam man zu einer einvernehmlichen Regelung, was die Besitzungen in Regensburg anging: Sie wurden zwischen König und Herzog geteilt. Bei den beiden Pfalzen war das relativ einfach: Der König erhielt die Anlage beim Kloster St. Emmeram, der Herzog die am Alten Kornmarkt. Beide hatten jetzt ihren festen Stützpunkt, wenn sie Regensburg besuchten.

Die Teilung war eigentlich als dauerhafte Lösung gedacht; wenig später wurde sie jedoch ganz unvermittelt wieder hinfällig. König und Kaiser Otto III. (983–1002), der Enkel Ottos des Großen, starb jung und ohne direkte Erben; damit ging die Nachfolge im Reich auf eine Seitenlinie seines Geschlechts über – just auf die, die in Bayern herrschte. Aus dem bayerischen Herzog Heinrich IV. wurde der deutsche König und Kaiser Heinrich II. (1002–1024). Die Folge: Die königlichen und die herzoglichen Rechte und Besitzungen in Regensburg waren unversehens wieder in einer Hand vereint; das stärkte die Position des Herrschers ebenso wie es die politische Rolle der Stadt beförderte. Mehr noch: Heinrich II. war in Regensburg aufgewachsen und erzogen worden; entsprechend eng waren seine persönlichen Bindungen. Die Querelen von hundert Jahren waren auf einmal Vergangenheit; schlagartig fiel der Stadt wieder eine zentrale Rolle zu. Vertraute Heinrichs II. aus Regensburg rückten in hohe Positionen der Verwaltung ein. Planmäßig wurden den führenden Vertretern des bayerischen Klerus – Bischöfen, Äbten und so weiter – in Regensburg Unterkünfte und Höfe bereitgestellt, damit sie dem Herrscher möglichst häufig nahe sein konnten. Und nicht zuletzt, wie immer in Zeiten der Blüte, machte sich eine gesteigerte Bautätigkeit bemerkbar: Noch einmal ließ Heinrich II. die Alte Kapelle, die traditionelle Pfalzkapelle, von Grund auf neu erbauen.

Heinrich II. und seine Gemahlin Kunigunde wurden nach ihrem Tod häufig als das ideale mittelalterliche Herrscherpaar verehrt und schließlich sogar heilig gesprochen. Vieles kam dabei zusammen: ihr Einsatz für die Gründung des Bistums Bamberg, ihre reichen Schenkungen an Kirchen und Klöster, ihr eheliches Leben in „Keuschheit und Enthaltsamkeit" (so jedenfalls interpretierte man die Tatsache, daß die beiden keine Kinder hatten; heute vermutet man, daß dies wohl eher an der chronisch kränkelnden Natur Heinrichs II. lag). – In Regensburg manifestiert sich die Verehrung von Heinrich und Kunigunde am eindrucksvollsten in der von ihnen besonders geförderten Alten Kapelle. Als sie im 18. Jahrhundert ihre Rokoko-Ausstattung erhielt, gedachte man der beiden ausführlich im Bildprogramm. Mehrere Fresken sind ihnen und Szenen aus ihrem Leben gewidmet. An zentraler Stelle, an der Decke des Langhauses, zum Beispiel: Heinrich II., anläßlich seiner Kaiserkrönung in Rom, erhält vom Papst ein Marienbild geschenkt – ein Bild, das er später der Alten Kapelle stiftete, wo es bis heute in Ehren gehalten wird. Oder im Querhaus: Heinrich II. fügt durch ein Gebet auf wundersame Weise einen Becher wieder zusammen, den ein Bediensteter zerbrochen hat. Ebenfalls im Querhaus: Kunigunde, des Ehebruchs angeklagt, geht zum Beweis ihrer Unschuld über glühende Pflugscharen. – In gewisser Weise ist die Alte Kapelle damit ein Ort der Vergegenwärtigung des Herrscherpaars, das Regensburg am engsten verbunden war.

Doch auch diesmal war der Höhenflug nicht von Dauer. Nach wenigen Jahren fing Heinrich II. an, sich umzuorientieren: Eine neue Stadt, Bamberg, mit einem neugegründeten Bistum, rückte in den Mittelpunkt seines Interesses und wurde planmäßig gefördert; Regensburg trat demgegenüber stark in den Hintergrund. Ein symbolischer Akt:

Im Jahr 1009 schenkte Heinrich II. die Alte Kapelle, das Herzstück seines Besitzes in Regensburg, dem Bischof von Bamberg; deutlicher hätte er den Wandel seiner Zuneigung nicht zum Ausdruck bringen können. Immerhin: Regensburg blieb Königs- und Herzogsstadt, bis zum Tod Heinrichs II. und auch darüber hinaus. Seine unmittelbaren Nachfolger waren teils – wie er – Könige und Herzöge in Personalunion, teils vergaben sie die Herzogswürde an enge Familienangehörige. Erst gegen Ende des 11. Jahrhunderts wurde sie wieder einem eigenen Adelsgeschlecht, den Welfen, übertragen. Sowohl die Könige und Kaiser als auch die Herzöge waren während all dieser Zeit regelmäßig in Regensburg, der traditionellen Hauptstadt, anwesend; hier hielten sie Reichsversammlungen und Landtage ab, sprachen Recht, empfingen Gesandte aus dem Ausland und vieles andere mehr. Die Stadt stand zwar nicht mehr direkt im Mittelpunkt des politischen Geschehens; doch sie erlebte nach wie vor glanzvolle Augenblicke: Zweimal, zum Beispiel, 1147 und 1189, trafen sich hier Ritter und Adelige aus weiten Teilen Europas, um zum Kreuzzug aufzubrechen. Regensburg war und blieb der bedeutendste Ort in Bayern und einer der bedeutendsten in Deutschland.

Kulturelle Blüte

Nimmt man all das bisher Gesagte zusammen, so kann man guten Gewissens feststellen: Die Zeiten des frühen Mittelalters waren zweifellos der Höhepunkt der politischen Geschichte Regensburgs. Eine Fülle bedeutender Ereignisse, eine Abfolge berühmter Namen, eine weitreichende Ausstrahlung: Regensburg war eine Stadt von europäischem Rang. Das galt für die Politik; das galt aber in gleicher Weise auch für das kulturelle Leben. Beide Bereiche waren eng und untrennbar miteinander verbunden: Die Herrscher, die über Generationen hinweg in der Stadt lebten, wirkten – wie zu allen Zeiten und an allen Orten – gleichsam als Katalysatoren für die Entwicklung von Kunst und Kultur. Einerseits importierten sie künstlerische Erzeugnisse aus anderen Regionen an ihren Regensburger Hof; andererseits förderten sie Künstler, die vor Ort lebten, und regten sie zu Höchstleistungen an. Mitunter gab es auch eine Kombination aus diesen beiden Möglichkeiten: Von den Herrschern importierte Einzelstücke initiierten oder beeinflußten das Schaffen ansässiger Künstler.

Ein typisches Beispiel bietet die Entwicklung der Buchmalerei in Regensburg. Schon zur Zeit Ludwigs des Deutschen existierte am Kloster St. Emmeram eine Schreibschule, die Handschriften und Bücher von hoher Qualität herstellte und ausschmückte. Eine Generation später schenkte Arnulf von Kärnten, dem Kloster eng verbunden, ihm eines der Meisterwerke der damaligen europäischen Buchproduktion, den im Westfränkischen Reich hergestellten, prachtvoll ausgestatteten „Codex aureus". (Der „Codex" zählte über Jahrhunderte hinweg zu den wertvollsten und berühmtesten Kunstgegenständen in ganz Regensburg. Heute ist er – wie so vieles – der Stadt entwendet: Im Zusammenhang mit der Säkularisation zu Beginn des 19. Jahrhunderts wurde er vom neuen Eigentümer, dem bayerischen Staat, nach München verbracht.) Dieses unvergleichliche Stück regte in der Folge Generationen von ansässigen Buchmalern zu eigenen Produktionen an; dabei gelangte man allmählich und mit zunehmender Originalität von der bloßen Nachahmung dahin, einen eigenen, unverwechselbaren Stil zu entwickeln. Absoluter Höhepunkt: drei Werke des 11. Jahrhunderts, das „Evangelistar Heinrichs II.", das „Uta-Evangelistar" und das „Sakramentar Heinrichs II.", benannt jeweils nach ihren Besitzern, Kaiser Heinrich II. und der Äbtissin Uta des Damenstifts Niedermünster. Filigranste ornamentale Ausschmückung, farbenfrohe Bilder, kostbare Einbände, mit Gold und Elfenbein besetzt, wirken hier in einzigartiger Weise zusammen und erlauben es, die drei Bände zu den bedeutendsten Werken mittelalterlicher Buchmacherkunst überhaupt zu rechnen.

Heute über alle Maßen gerühmt, waren sie in der Zeit, in der sie entstanden, jedoch keineswegs besondere

„Codex aureus", Vorderseite des Umschlagdeckels. Das Meisterwerk europäischer Buchproduktion wurde im 9. Jahrhundert im Westfränkischen Reich hergestellt und 893 von Arnulf von Kärnten dem Kloster St. Emmeram geschenkt. – München, Bayerische Staatsbibliothek.

Ausnahmeerscheinungen. Das gesamte kulturelle Leben Regensburgs stand in voller Blüte und brachte Höchstleistungen in einer Vielfalt hervor wie niemals zuvor und wie auch später nie mehr. Die Herrschaft Heinrichs II. ließ die Stadt erglänzen und beflügelte ihre Kreativität. Das war

55

aber nicht der einzige Grund dieser Blüte. Die Stadt lebte damals noch ganz unter dem Eindruck einer überaus bedeutenden geistigen und geistlichen Persönlichkeit, die eine Generation zuvor in ihr gewirkt und sie dauerhaft geprägt hatte: Wolfgangs, Bischofs von Regensburg in den Jahren 972 bis 994, aufgrund seines außergewöhnlichen Lebenswerks bald nach seinem Tod in den Rang eines Heiligen erhoben. Wolfgang hatte sich zeitlebens in besonderem Maß darum bemüht, das kirchliche und insbesondere das klösterliche Leben zu reformieren; und zu seinen Reformen hatte auch das Prinzip gehört, den Klerus zu besonderer Gelehrsamkeit, zu geistiger und wissenschaftlicher Tätigkeit anzuregen und aufzufordern. Das entsprach dem Geist der Epoche, es entsprach aber auch den Interessen und Neigungen von Wolfgang selbst, der ein hochgelehrter Mann gewesen war. Nach seinem Tod, im 11. Jahrhundert, aufbauend auf den Fundamenten, die er gelegt hatte, erntete Regensburg gewissermaßen die Früchte seines Tuns.

Wolfgang wurde im Jahr 924 in Pfullingen in Schwaben geboren. Nach Schulausbildung und Studium übernahm er die Leitung der Domschule in Trier. Dort knüpfte er Kontakte zu einer geistigen Bewegung, die sein ganzes Leben prägen sollte: Er lernte die Ideale der Kirchen- und Klosterreform kennen, wie sie in dem lothringischen Kloster Gorze entwickelt worden waren. Als Vermittler fungierte vor allem der Mönch Ramwold aus dem Reformkloster St. Maximin in Trier; zwischen ihm und Wolfgang entwickelte sich eine tiefe, lebenslange Freundschaft. Im Jahr 972 wurde Wolfgang zum Bischof von Regensburg berufen. Jetzt war es ihm möglich, die Ideale der Gorzer Reform konkret umzusetzen – und er tat dies höchst konsequent, auch in Fällen, in denen er damit seine eigene bischöfliche Macht schmälerte. Zwei berühmte Beispiele: Wolfgang verzichtete auf die Oberhoheit, die der Bischof von Regensburg bisher über die Kirche in Böhmen ausgeübt hatte. Ein eigenes Bistum Prag wurde gegründet – was der Effizienz der Kirchenverwaltung sehr zuträglich war. Und: Wolfgang löste die traditionelle Personalunion, die seit der Zeit des Bonifatius zwischen dem Amt des Bischofs von Regensburg und dem des Abts des Klosters St. Emmeram bestanden hatte. Auch diese Maßnahme verringerte den Einfluß des Bischofs; sie ermöglichte es aber, daß in St. Emmeram ein wahrhaft klösterliches Leben geführt werden konnte, den Idealen der Gorzer Reform entsprechend. Damit dies auch tatsächlich geschah, berief Wolfgang seinen Freund Ramwold zum neuen Abt von St. Emmeram. Des weiteren reformierte er das Damenstift Niedermünster, indem er dafür sorgte, daß dort eine Vertraute von ihm, Uta, die aus seiner schwäbischen Heimat stammte, als Äbtissin installiert wurde; und als eine Reform des Damenstifts Obermünster scheiterte, glich er den Fehlschlag aus, indem er kurzerhand in unmittelbarer Nachbarschaft ein neues Kloster gründete, das Mittelmünster. Wolfgang stand in engem Kontakt zum Herzog von Bayern, der in Regensburg residierte; dieser beauftragte ihn, persönlich seine Kinder zu erziehen. Unter ihnen war, übrigens, jener Heinrich, der später nicht nur Herzog von Bayern, sondern als Heinrich II. auch deutscher König und Kaiser werden sollte: So schloß sich der Kreis. – Wolfgang starb im Jahr 994 und wurde in einer eigenen Krypta in der Kirche St. Emmeram beigesetzt.

Wolfgang hatte die großen Klöster in Regensburg reformiert; ein neuer Geist der Gelehrsamkeit kehrte in ihnen ein; die Ergebnisse ließen nicht lang auf sich warten. Am eindrucksvollsten waren sie in St. Emmeram. Dort hatte Abt Ramwold solide Grundlagenarbeit geleistet und ganz zielstrebig zunächst einmal dafür gesorgt, daß die bestehende Bibliothek ausgebaut und erweitert wurde; damit war sozusagen eine gut bestückte Werkstätte für die angestrebte geistige Arbeit eingerichtet. Unter den Gelehrten, die sie in der Folge nutzten und sich mit ihrer Hilfe zu geistigen Höchstleistungen aufschwangen, sind drei besonders hervorzuheben. Der Mönch Arnold machte sich als Historiker einen Namen. Unter anderem beschäftigte er sich erneut mit der Lebensgeschichte Emmerams; dabei bemühte er sich – anders als Arbeo von Freising es einst in seiner „Vita" getan hatte –, nicht nur die von Emmeram gewirkten Wunder zu schildern, sondern sie, wissenschaftlich fundiert, auch in ihr konkretes historisches Umfeld einzubetten. Den gleichen Weg schlug der Mönch Otloh ein. Systematisch bearbeitete er die Lebensgeschichten von Heiligen neu, immer in dem – sehr modern anmutenden – Streben nach Wissenschaftlichkeit: Er sammelte und sichtete vorhandene Quellen, schied Glaubwürdiges von Unglaubwürdigem und so weiter. Otloh wird vielfach als bedeutendster Gelehrter bezeichnet, den das Kloster St. Emmeram im Mittelalter hervorgebracht hat. Schließlich, in einem anderen wissenschaftlichen Zweig, der Mönch Wilhelm, später Abt des Klosters Hirsau im Schwarzwald. Er forschte im Bereich von Mathematik und Astronomie; eines seiner Geräte, eine Steinplatte mit Markierungen, die der Orientierung am nächtlichen Sternenhimmel diente, ist bis heute erhalten geblieben. Die sogenannte „Sphaera" steht in ihrer Zeit völlig einzigartig da; damit belegt sie das außergewöhliche Niveau, auf dem im Kloster St. Emmeram damals wissenschaftlich gearbeitet wurde.

Das Ideal der Wissenschaftlichkeit stieß mitunter jedoch auch an seine Grenzen, vor allem in Fällen, wo es um das Prestige des Klosters St. Emmeram ging. Das staunenswerteste Beispiel lieferte Otloh. Mit viel Geschick und noch mehr Phantasie ersann er die Geschichte, in seinem Kloster sei nicht nur Emmeram bestattet, sondern ein noch viel namhafterer Heiliger, nämlich Dionysius. Ein kompletter Bericht über die näheren Umstände, wie die Gebeine des Dionysius nach seinem Tod nach Regensburg gekommen seien – selbstverständlich alles frei erfunden –, wurde verfaßt, in zwei Versionen, die entweder von Otloh selbst stammen oder doch von ihm inspiriert sind. Die Dichtung wurde tatsächlich vielfach für Wahrheit genommen; über Jahrhunderte hinweg zählte Dionysius ganz offiziell zu den Schutzheiligen der Regensburger Kirche. – In der zweiten Version des Dionysius-Berichts findet sich übrigens eines der berühmtesten Zitate der gesamten Regensburg-Literatur. Der Autor ist bestrebt, die Stadt als einen Ort zu präsentieren, würdig, die Gebeine des Dionysius zu verwahren; dementsprechend rühmt er sie in höchsten Tönen: „Die Stadt (...) Regensburg ist alt und neu zugleich; als einzige unter den großen Städten ist sie Hauptstadt; (...) nichts Herrlicheres hat Deutschland (im lateinischen Original: „nihil habet Germania clarius"). Nordwärts ist sie von der vorbeifließenden Donau begrenzt; ergiebiger, fruchtbarer Ackerboden und

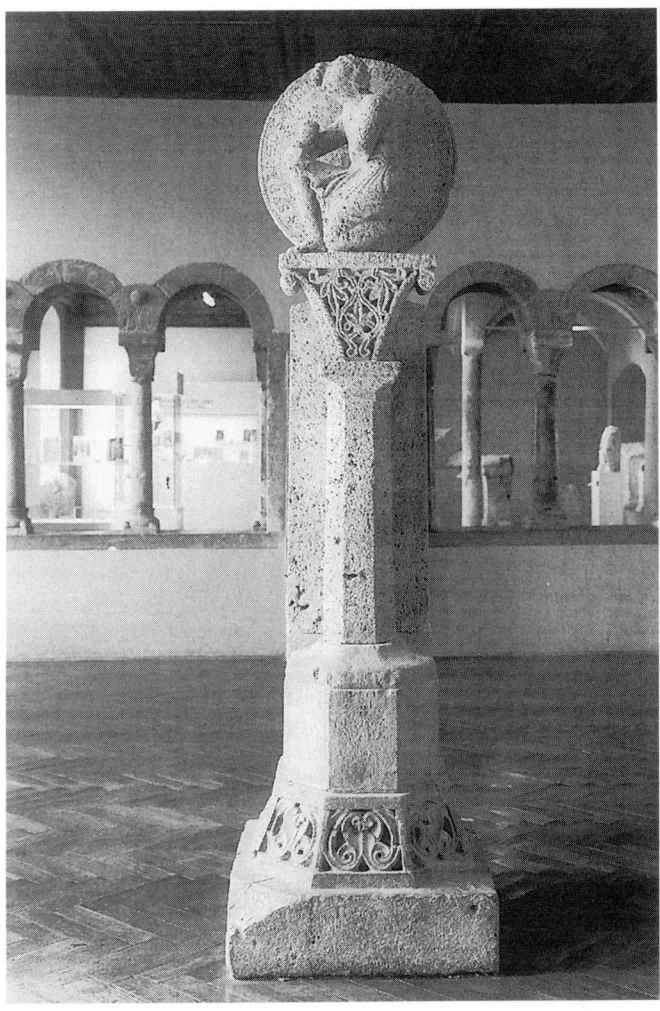

„Sphaera" des Wilhelm von Hirsau, entstanden kurz vor 1070. Das eigentliche Gerät, eine steinerne Scheibe mit verschiedenen Markierungen, wird
gehalten von einer auf einem Pfeiler knienden menschlichen Gestalt, die
der Umschrift auf der Scheibe zufolge den griechischen Astronomen Ara-
tos darstellt. – Regensburg, Historisches Museum der Stadt.

> reichhaltig tragende Weinberge umgeben sie. Mehr als in anderen Städten häufen sich in ihr Schätze von Gold, Silber und Edelmetallen, dazu Handelsgüter aller Art, insbesondere feinstes Leinen- und Purpurtuch, und die ganzen Reichtümer, die durch Schiffsimporte und Zölle in Strömen hereinkommen. So hat sie Überfluß an allem."

Man sieht: Es waren geistige und kulturelle Glanzzeiten, die Regensburg während des 11. Jahrhunderts erlebte. Freilich: Es liegt in der Natur der Dinge, daß solche Glanzzeiten nicht von unbegrenzter Dauer sind. So auch hier: Allmählich begann der in der Stadt herrschende Elan, der letztlich immer noch auf Wolfgang zurückging, nachzulassen, zu verebben. Glücklicherweise erreichten Regensburg, von außen kommend, immer wieder neue Impulse, die das geistige und geistliche Leben befruchteten. Beispielsweise besuchten am Ende des 11. Jahrhunderts iroschottische Wandermönche die Stadt und ließen sich hier nieder; aus ihren Reihen ging wenig später Honorius Augustodunensis hervor, einer der berühmtesten Schriftsteller seiner Zeit. Oder: Zu Beginn des 12. Jahrhunderts wurde unweit von Regensburg das Kloster Prüfening gegründet; es entwickelte sich rasch zu einem neuen Zentrum der Gelehrsamkeit, das natürlich auch in die Stadt hineinwirkte. So gilt für den Bereich der Kultur das gleiche, was bereits für den der Politik festgestellt worden ist: Regensburg war und blieb ein Ort von überragender Bedeutung.

„Schottenportal" von der Kirche St. Jakob des Klosters der iroschottischen Mönche; Aufnahme von 1897, noch ohne die durch Umwelteinflüsse bedingten Verwitterungen und Zerstörungen der jüngsten Zeit. Das um 1185 entstandene Portal zählt zu den Meisterwerken romanischer Kunst in Deutschland. Es ist bis heute nicht gelungen, seine geheimnisvolle Bildsymbolik vollständig zu entschlüsseln.

Freie Reichsstadt:
Regensburg im späten Mittelalter

Kein Zweifel: Regensburg stand im 11. und 12. Jahrhundert in höchster Blüte. Die Stadt war der zentrale Ort in Bayern und einer von mehreren Zentralorten im deutschen Reich. Regelmäßig sah sie prominente Gäste in ihren Mauern; wichtigen politischen Ereignissen bot sie Rahmen und Kulisse. Ein reges Schaffen im Bereich von Kunst und Kultur bereicherte ihr Leben, strahlte weit ins Umland aus und mehrte allenthalben ihr Ansehen. Der – bereits erwähnte – Schriftsteller Honorius Augustodunensis hielt Regensburg von sämtlichen Städten in ganz Deutschland als einzige für wert, überhaupt namentlich genannt zu werden, und stellte es in eine Linie mit Athen und mit Rom …

All das darf jedoch über eines nicht hinwegtäuschen: Regensburg leuchtete; aber es war, streng genommen, fremder Glanz, der es zum Leuchten brachte. Die politische und die kulturelle Bedeutung stand und fiel damit, daß die Herrscher in Regensburg weilten: An ihren Höfen fand sich die große Welt ein; ihre Anwesenheit beflügelte die Kreativität von Künstlern und Wissenschaftlern. Die Stadt lebte gewissermaßen von den Herrschern – mit allen Konsequenzen, die sich daraus ergaben: In Zeiten, in denen sie weniger präsent waren, ging die Bedeutung – wie gesehen – rasch zurück. Mit anderen Worten: Die Stadt war Nutznießerin, oder schärfer ausgedrückt: Sie war Objekt.

Dieses Bild wandelte sich nur ganz allmählich, im Lauf von vielen Generationen. Neben den traditionellen Stadtherren – dem Herzog, dem Bischof, dem König und Kaiser – und ihren Leuten traten zunehmend andere ins Rampenlicht: die Menschen, die in Regensburg lebten und arbeiteten, oder jedenfalls deren führende Repräsentanten aus der Oberschicht. Mit wachsendem Selbstbewußtsein begannen sie, auf die Geschicke ihrer Stadt, die bisher von außen bestimmt worden waren, selbst Einfluß zu nehmen. Es war ein langsamer Wandel, den die Zeitgenossen wahrscheinlich gar nicht bewußt erlebten, jedenfalls nicht von Anfang an, aber ein um so entscheidenderer: Die Stadt wurde vom Objekt, das von anderen profitierte, zum Subjekt, das eigenständig handelte.

Wirtschaftlicher Aufschwung

Man braucht nicht lange zu suchen, wenn man nach den Gründen forscht, weswegen die Regensburger im Laufe des Mittelalters zunehmend stolz und selbstbewußt wurden. Es war ein einfacher – und zeitloser – Mechanismus: Die Stadt erlebte einen wirtschaftlichen Aufschwung sondergleichen; und mit dem Wohlstand kam das Gefühl der Wichtigkeit ganz von allein. Anders ausgedrückt: Regensburg entwickelte eine neue Identität, die nicht mehr von der Macht der Stadtherren, sondern vom eigenen Erfolg abgeleitet war; das war das Entscheidende. Natürlich ist für diesen Vorgang kein genauer Zeitpunkt zu fixieren; um die Wende vom 11. zum 12. Jahrhundert muß er jedoch schon ziemlich weit gediehen gewesen sein.

Zum Beweis für die fortschreitende Identifizierung der Stadt mit ihrem wirtschaftlichen Erfolg sei noch einmal auf den bereits erwähnten Dionysius-Bericht verwiesen, der um 1080 entstanden ist. Dort, wo er Regensburg rühmt, kommt der Autor des Berichts – wie gesehen – nicht nur auf die Hauptstadtfunktion zu sprechen, sondern mindestens ebenso ausführlich auf den vorherrschenden Reichtum. An einer anderen Stelle wird er noch deutlicher: Er teilt die Stadt in drei Teile, mit jeweils unterschiedlichen Bewohnern: das Viertel des Herzogs und des Königs und Kaisers und ihrer Leute („pagus regius"); das Viertel des Klerus („pagus cleri"); das Viertel der Kaufleute („pagus mercatorum"). Regensburg – so ist daraus zu entnehmen – war um 1080 in den Augen der Zeitgenossen bereits nicht mehr nur von seinen Stadtherren geprägt, sondern ebenso sehr von denen, die wirtschaftlich besonders erfolgreich waren, den Kaufleuten.

Der wirtschaftliche Höhenflug, zu dem Regensburg damals ansetzte, hatte im wesentlichen eine einzige Ursache: Die Stadt wurde zum Handelsplatz und, mit zunehmender Bedeutung, bald geradezu zum Handelszentrum und zur Handelsdrehscheibe. Die Voraussetzungen hätten günstiger nicht sein können. Jede Art von Verkehr, also auch Transport- und Handelsverkehr, war im Mittelalter auf die großen Flüsse angewiesen, die Europa durchzogen. Straßen, die diese Bezeichnung tatsächlich verdienten, gab es kaum; und wo es sie gab, war ihre Benutzung so beschwerlich wie gefährlich. Zu Wasser, mit Schiffen, war man besser unterwegs, schneller, bequemer, sicherer. Städte, die an Flüssen lagen, hatten deshalb im mittelalterlichen Handelswesen und damit im Wirtschaftsleben überhaupt einen beträchtlichen Standortvorteil; und je größer der Fluß, desto größer der Standortvorteil. Regensburg lag – und liegt – an der Donau, die bekanntlich weite Teile Europas durchquert; sie war – man kann es ohne Übertreibung feststellen – die Lebensader, der die Stadt nahezu alles verdankte.

Es mußte allerdings noch eine weitere Voraussetzung hinzukommen, damit aus dieser geographischen Besonderheit ein praktischer Vorteil erwachsen konnte: Die Donau mußte für potentiellen Handelsverkehr auch tatsächlich benutzbar sein, mit einigermaßen stabilen politischen Verhältnissen in den Ländern, die rechts und links von ihr lagen. Schließlich brauchte Handel damals wie heute vor allem eines: ein Mindestmaß an Sicherheit. Genau daran aber mangelte es an der Donau über lange Zeit hinweg: Im Römischen Reich war der Fluß eine von vielfältigen Feindseligkeiten geprägte Grenze; während der Völkerwanderung beunruhigten durchziehende Germanen und Slawen die Gegend; im 9. Jahrhundert schließlich setzten sich die Ungarn fest und verbreiteten Angst und Schrecken. Dann aber, im 10. Jahrhundert, kam die Wende. Die Ungarn, nach ihrer vernichtenden Niederlage in der berühmten Schlacht auf dem Lechfeld bei Augsburg 955, wurden seßhaft und friedlich; die Verhältnisse an der Donau beruhigten sich. Jetzt war der Weg frei für Handel und Wandel; wer wollte, konnte reisen, von Regensburg flußabwärts bis zum Schwarzen Meer und darüber hinaus. Der wirtschaftliche Aufschwung begann.

Daß er, einmal begonnen, so rasant verlief, hängt auch damit zusammen, daß Regensburg damals auf weiter Flur konkurrenzlos dastand. Es gab ja, vor allem in der näheren Umgebung, kaum Städte, die der Rede wert gewesen wären; da und dort wurde allmählich erst die eine oder andere gegründet; und es dauerte jeweils Generationen, bis sie es mit Regensburg aufnehmen konnten. Hier dagegen war die ganze typisch städtische Infrastruktur längst voll ausgebildet, mit großen Märkten, mit zahlreichen Konsumenten, mit differenzierter Nachfrage und so weiter; seit den Römern war Zeit genug gewesen für eine allmähliche Entwicklung. Regensburg verfügte ganz einfach über einen gewaltigen Vorsprung vor anderen Städten, über einen von vielen Jahrhunderten; das machte sich auch im Wirtschaftsleben bemerkbar.

Kurz und gut: Regensburg wurde ab dem 11. Jahrhundert zu einer festen Größe im Bereich der Wirtschaft. Dabei galt, etwas vereinfacht dargestellt: Wirtschaft war Handel; Handel war Fernhandel. Auf der Donau gelangten die Regensburger Kaufleute bis zum Schwarzen Meer; von dort ging es weiter auf einer Nordroute, dem Verlauf anderer Flußsysteme folgend, in die Ukraine, bis nach Kiew, und auf einer Südroute zum Bosporus, nach Konstantinopel, dem heutigen Istanbul. Diese Verbindung war besonders interessant: Wenn man sich vor Augen hält, daß Konstantinopel der Endpunkt war von so berühmten Handelswegen wie der Seidenstraße, die von China her kam, oder der Gewürzstraße aus Indien, dann ergeben sich für das mittelalterliche Regensburg geradezu schwindelerregende Perspekiven: Man hatte tatsächlich einen direkten Anschluß an das Welthandelssystem jener Tage. Und damit nicht genug: Neben der Donauroute, der Lebensader der Stadt, entwickelten sich auch Kontakte in andere Richtungen, südwärts über die Alpen nach Italien, vor allem nach

Venedig und in die Toscana; ostwärts, den uralten Weg das Regental entlang, nach Böhmen und Prag und weiter bis Krakau und letztlich auch wieder bis Kiew; westwärts in die Rheinlande und nach Flandern. Die günstige geographische Lage, mit den sich kreuzenden Wegen von Ost nach West, von Nord nach Süd, die schon Regensburgs Vor- und Frühgeschichte maßgeblich geprägt hatte, kam jetzt erst richtig zum Tragen.

Wie gesagt: Handel war Fernhandel; und dieser Fernhandel war vor allem ein Handel mit Luxusgütern. Aus der Ukraine und Rußland importierte man Pelze und Felle sowie Edelmetalle, aus dem Orient Seide, Tuche und Gewürze, aus Italien und Flandern Fertigprodukte aller Art. (Es wirft kein vorteilhaftes Licht auf die Stadt, muß aber dennoch erwähnt werden: Zum „Sortiment" gehörten in beträchtlichem Ausmaß auch Sklaven, jedenfalls in den Frühzeiten des Handels.) Die Waren wurden nach Regensburg gebracht und teils vor Ort verkauft, teils wieder exportiert. Im einen Fall fungierte die Stadt als Absatzmarkt (wobei die anwesenden Herrscher und ihr Gefolge als Kunden besonders interessant waren), im anderen als Umschlagplatz. Der große Vorteil dabei: Luxusgüter warfen bereits in geringen Mengen enorme Profite ab; das Problem des Transports war damit leichter in den Griff zu bekommen, als es bei Massengütern der Fall gewesen wäre.

Es gibt eine einzigartige Quelle zum Thema des mittelalterlichen Fernhandels in Regensburg, das sogenannte „Runtinger-Buch", das Handelsregister einer der großen Familien der Stadt, mit Aufzeichnungen von 1383 bis 1407. In Regensburg waren dies zwar bereits die Zeiten des beginnenden Niedergangs; die dokumentierten Geschäftsaktivitäten sind jedoch immer noch höchst eindrucksvoll. Alles von Belang ist festgehalten: der Einkauf von Gütern im Ausland, jeweils dort, wo sie besonders günstig zu haben waren; ihr Transport über Regensburg dorthin, wo sie verkauft wurden; dazu Preise, Mengenangaben und so weiter. Eine statistische Auswertung gibt Aufschluß über die bevorzugten Handelsplätze; für den Einkauf waren es Städte in Italien – Venedig, Bologna, Lucca, Mailand – sowie in Flandern, für den Verkauf vor allem Prag und Wien. Als Waren tauchen immer wieder Luxusgüter aus dem Orient auf: Seide (die ein Drittel des Gesamtumsatzes ausmachte) sowie Samt und Baumwolle für die Anfertigung wertvoller Kleidungsstücke; Pfeffer, Safran, Ingwer, Anis, Koriander, Muskat, Zimt zum Würzen; Feigen, eingelegte Früchte, Mandeln, Zucker und anderes exotisches Süßzeug – alles Dinge, die in Regensburger Breitengraden schlicht nicht vorkamen.

Der Reichtum und seine Folgen

Mit dem wirtschaftlichen Aufschwung, mit der Blüte des Handels kam der Reichtum nach Regensburg, in einer Größenordnung, die heute nur noch schwer vorstellbar ist. Aus der Menge der vor Ort lebenden Menschen stiegen einige wenige Familien, die der Großkaufleute und Fernhändler, empor und bildeten eine neue Oberschicht; sie wurden die Patrizier genannt. Namen wie die der Auer, der Zant, der Tundorfer, der Reich, der Löbel, der Gravenreuther, der Runtinger waren bald in aller Munde; über Generationen hinweg sollten sie einen besonderen Klang behalten. Die Patrizier selbst bemühten sich verständlicherweise nach Kräften, das Ihre dazu beizutragen, damit dieser Ruf sich festigte und ausbreitete; sie taten alles, um ihren Wohlstand nach außen hin möglichst wirkungsvoll und für jedermann sichtbar zur Geltung zu bringen. Repräsentation war das Gebot der Stunde; die Folgen davon sind bis heute im Stadtbild von Regensburg zu sehen. Große, imposante Häuser entstanden, wehrhaft, trutzig, burgenartig von außen, weitläufig und elegant nach innen. Als besonderes Statussymbol übernahm man ein Element, das man in Italien, in den dortigen Handelsstädten kennengelernt hatte und das sich ideal zur Nachahmung anbot: den Geschlechterturm. Seine Aussage war simpel: Je höher der Turm, desto reicher die Familie; das war leicht verständlich, das war einprägsam, das war genau das, was man brauchte. Ein ganzes neues Viertel entstand, im Westen der Stadt gelegen, in dem Bereich, den Herzog Arnulf einst zusätzlich hatte ummauern lassen: das Viertel der Kauf-

Geschlechtertürme in der Altstadt von Regensburg, im Vordergrund der
Turm des Goliathhauses, im Hintergrund der Bräunelturm am Watmarkt.
Besser, als jede Beschreibung es vermag, erschließt sich die Symbolik der
Geschlechtertürme als Instrument großbürgerlicher Repräsentation bis
heute durch ihre schiere optische Wirkung im Stadtbild.

leute. Sein Zentrum war ein großer Markt- und Versammlungsplatz, der Haidplatz.

Es wurde überhaupt viel gebaut im damaligen Regensburg; die nötigen Mittel waren im Überfluß vorhanden. Die Stadt erhielt allmählich die Strukturen und die Formen, die sie für alle Zukunft prägen sollten. Im Westen und im Osten, an den Ausfallstraßen, entstanden neue Vorstädte; um die Wende vom 13. zum 14. Jahrhundert wurden sie ihrerseits ummauert; damit war von der Ausdehnung her vollendet, was die heutige Altstadt von Regensburg ausmacht. (Eine weitere Vorstadt entwickelte sich im Norden, jenseits der Donau, an der Stelle, wo seit den Zeiten Karls des Großen eine Brücke den Fluß überquerte, gewissermaßen also auch an einer der Ausfallstraßen. Das Viertel sollte jedoch später, bedingt durch politische Umstände, von Regensburg getrennt werden und sich als eigenständige Stadt etablieren. Ihr Name: Stadtamhof.) Und es entstanden zwei Bauwerke, für die Regensburg bis heute berühmt ist: im 12. Jahrhundert, als Ersatz für den bestehenden Flußübergang aus Holz, die Steinerne Brücke, die älteste Steinbrücke in ganz Deutschland; im 13. Jahrhundert, ebenfalls als Ersatz für einen Vorgängerbau, der gotische Dom. Beides waren Gebäude für einen ganz konkreten Zweck, gewiß; aber ihr jeweiliges höchst eindrucksvolles Erscheinungsbild spricht doch dafür, daß sie ganz bewußt auch unter dem Gesichtspunkt der Repräsentation konzipiert wurden. Zu Recht gelten sie deshalb bis heute als die aussagekräftigsten Symbole der mittelalterlichen Groß- und Fernhandelsstadt Regensburg.

Regensburg gewann eine neue Qualität; aus der Hauptstadt wurde geradezu eine Weltstadt. Solch ein Attribut zu verwenden, mag auf den ersten Blick reichlich gewagt wirken; es gibt jedoch eine ganze Menge guter Gründe, die dies tatsächlich gerechtfertigt erscheinen lassen. Zum Beispiel: Regensburg stieg damals, was die Bevölkerungszahl anging, zur zweitgrößten Stadt in ganz Deutschland auf, mit annähernd 20 000 Einwohnern; übertroffen wurde es nur von Köln, wo etwa 30 000 Menschen lebten. Und in dieser Weltstadt – ein zweites Beispiel – herrschte natürlich auch eine entsprechend weltstädtische Atmosphäre. Menschen aus aller Herren Länder hielten sich in ihr auf, Slawen und Griechen, Franzosen und Iren und vor allem Italiener. (An sie erinnert bis heute der Name der „Wahlenstraße", was eigentlich „Welschenstraße" meint, also „Straße der Italiener".) Allenthalben war eine große geistige Mobilität zu spüren. Neues Gedankengut, wo auch immer es in Europa auftauchte, etwa in Gestalt kirchlicher Reformbewegungen, fand binnen kürzester Zeit seinen Weg nach Regensburg und wurde hier in der einen oder anderen Form aufgenommen. So nahm die Stadt regen Anteil, als um die Wende vom 11. zum 12. Jahrhundert der Investiturstreit, die Auseinandersetzung um den Vorrang von geistlicher oder weltlicher Macht, von Papst oder Kaiser, die Gemüter bewegte. Oder: Es dauerte nur wenige Jahre, bis die zu Beginn des 13. Jahrhunderts neugegründeten Bettelorden der Dominikaner und Franziskaner in Regensburg auftauchten, sich niederließen und ihre Klöster erbauten. Die Liste ließe sich um viele weitere Beispiele verlängern.

In den Klöstern der Dominikaner und der Franziskaner wirkten unmittelbar nach ihrer Gründung, wenn auch nur vorübergehend, zwei Persönlichkeiten, die zu den bedeutendsten ihrer Zeit zählten. Bei den Dominikanern lebte von 1237 bis 1240 Albertus Magnus, einer der großen Theologen und Philosophen des Mittelalters. In seinen Regensburger Jahren war er allerdings noch nicht so berühmt wie später; seinen überragenden Ruf erwarb er erst, als er ab 1243/44 an der renommierten Universität in Paris arbeitete und lehrte. Dort beschäftigte er sich hauptsächlich mit den kurz zuvor neu entdeckten Werken des Aristoteles, die er mit den christlichen Glaubenslehren in Einklang zu bringen versuchte. Er steht damit am Beginn des theologisch-philosophischen Systems der Scholastik, das einer seiner Schüler, Thomas von Aquin, zu höchster Vollendung bringen sollte. Aufgrund seines hohen Ansehens wandte sich 1260 der Papst höchstpersönlich an Albertus und ernannte ihn zum Bischof von Regensburg; unfähige Vorgänger hatten in der dortigen Diözese völlig zerrüttete Zustände hinterlassen. Binnen zweier Jahre gelang es ihm, die Verhältnisse zu stabilisieren; daraufhin trat er zurück, kehrte der Stadt erneut den Rücken und nahm seine Forschungs- und Lehrtätigkeit wieder auf. – Bei den Franziskanern bzw. Minoriten, wie sie auch genannt wurden, lebte in der gleichen Zeit Berthold von Regensburg, ein Volks- und Wanderprediger, der so wirkungsvoll auftrat, daß die Menschen ihm in wahren Massen zuliefen. Der Überlieferung zufolge sollen mitunter bis zu 100.000 Zuhörer seinen Ansprachen, die er auf freiem Feld hielt, gelauscht haben. Im Alter kehrte Berthold nach Regensburg zurück und verfaßte, aus seinem reichhaltigen Fundus schöpfend, mehrere Sammlungen von Musterpredigten. Seine Gebeine sind in der Minoritenkirche St. Salvator bestattet.

In der Tat: Regensburg war eine Weltstadt geworden; und die Menschen, die hier lebten, zumal die aus der reichen Oberschicht, die Patrizier, waren sich dessen auch durchaus bewußt. Aus diesem Selbstbewußtsein entwickelte sich, je länger je mehr, eine neue Identität, eine, die nicht mehr von der Anwesenheit und dem Glanz der Stadtherren – des Herzogs, des Bischofs, des Königs und Kaisers – abgeleitet war, sondern die auf eigenen Leistungen beruhte. Die Patrizier begannen sich als eine zusammengehörige, eigenständige Gruppe zu fühlen, die – so sahen sie es – ihre Stadt in einer besonderen Weise repräsentiere. „Stadt": Dieser Begriff meinte jetzt nicht mehr nur einfach einen Ort; ebenso sehr verstand man darunter auch die Gemeinschaft der Menschen, die an diesem Ort lebten. Oder besser: die Gemeinschaft bestimmter Menschen, nämlich derer, die wirtschaftlich und gesellschaftlich eine gewisse Rolle spielten. „Stadt", das war die Gemeinschaft; der einzelne innerhalb der Gemeinschaft war der „Bürger". Es sollte nicht lang dauern, bis diese neue Vorstellung auch in den Bereich des Rechts Eingang fand; bald schon war Bürger zu sein ein Rechtsstatus und die Stadt eine Rechtskörperschaft.

Diese Entwicklung vollzog sich damals übrigens nicht nur in Regensburg, sondern in ganz Europa. Die Bevölkerung wuchs, und mit ihr wuchsen die Städte, sowohl der

Größe als auch der Anzahl nach. Die Wirtschaft – die sich in der gleichen Zeit von der Tausch- zunehmend zur Geldwirtschaft wandelte – expandierte. Die Städter wurden reich; sie wurden selbstbewußt; sie fingen an, sich als Gemeinschaft zu begreifen: Der Mechanismus war immer der gleiche. Eine regelrechte Umwälzung fand statt: Neben die traditionelle feudale, herrschaftliche Gesellschaft trat eine neue, die des Bürgertums.

Im Rückblick scheint das, was folgte, geradezu unvermeidlich gewesen zu sein: Die beiden Welten, die herrschaftliche und die bürgerliche, mußten zwangsläufig früher oder später miteinander in Konflikt geraten, in ganz Europa ebenso wie in Regensburg. Hier war, schon lange bevor der Streit offen ausbrach, im Stadtbild zu sehen, wie sich die Dinge immer weiter auseinander entwickelten. Es war sicher kein reiner Zufall, daß das neue bürgerliche Zentrum um den Haidplatz ziemlich weit abseits vom Viertel der Stadtherren am Alten Kornmarkt und beim Dom lag; fast sieht es so aus, als sei man sich ganz bewußt aus dem Weg gegangen. Und ein anderer Hinweis: Die Geschlechtertürme, die bei den Patriziern so beliebt waren, sollten Reichtum zur Schau stellen, gewiß; daneben bezweckten sie aber noch etwas ganz anderes. Ein Turm, symbolisch gesehen, war immer auch ein weithin sichtbares Zeichen von Herrschaft; die Botschaft lautete also unmißverständlich: Auch die Patrizier beanspruchten Herrschaft, neben den Stadtherren und notfalls gegen sie. Der Konflikt war vorbereitet; es bedurfte nur noch eines Anlasses, ihn offen ausbrechen zu lassen.

Der Kampf um die Stadtherrschaft

Wie und in welchen Formen der Konflikt, als es so weit war, schließlich ausgetragen wurde: Darin allerdings unterscheidet sich die Geschichte Regensburgs deutlich von der anderer Städte. Es kam zu einer interessanten Variante: Die Auseinandersetzung spielte sich nicht – wie es eigentlich zu erwarten gewesen wäre – direkt zwischen den Stadtherren auf der einen und der Bürgerschaft auf der anderen Seite ab. Vielmehr gerieten sich die Stadtherren untereinander in die Haare – sehr zum Vorteil der Bürgerschaft, wie sich schnell herausstellte. Sie war zwischen den streitenden Parteien der lachende Dritte, der immer wieder umworben wurde und der davon immer wieder profitierte. Im Lauf der Zeit erwarb sie alle möglichen Rechte, Privilegien und Freiheiten; Schritt für Schritt näherte sie sich dem angestrebten Ziel, der Selbständigkeit. Nach einigen Jahrzehnten war es erreicht: Regensburg wurde eine „Freie Reichsstadt".

Grundvoraussetzung für diesen Mechanismus war die Tatsache, daß in Regensburg nicht ein Stadtherr allein, sondern mehrere das Sagen hatten, der Herzog, der Bischof, der König und Kaiser. Das relativ stabile Verhältnis, in dem sie lange Zeit gestanden hatten, geriet gegen Ende des 12. Jahrhunderts aus dem Gleichgewicht; aus Koexistenz wurde Konfrontation. Es ist im Rückblick nicht leicht, das ganze Hin und Her und Auf und Ab in allen Einzelheiten zu überblicken; läßt man sich darauf ein, so muß man sich auch einlassen auf die Irrungen und Wirrungen der großen Politik jener Tage.

Die erste Etappe: Im Jahr 1180 setzte Kaiser Friedrich Barbarossa Herzog Heinrich den Löwen, den letzten Welfen, wegen politischer Unbotmäßigkeit ab; ihm folgte Herzog Otto I., aus der Familie der Wittelsbacher. Der Kaiser nutzte die Gelegenheit, seine eigene Position in Regensburg zu stärken; der neue Herzog spielte neben ihm kaum eine Rolle. Doch 1189 starb Friedrich Barbarossa und wenig später, 1196, völlig unerwartet auch Heinrich VI., sein Sohn. Statt einem wurden zwei, miteinander rivalisierende Nachfolger gewählt, Philipp von Schwaben und Otto IV., was die Machtposition des Königtums schwer beeinträchtigte. Der Herzog von Bayern, inzwischen nicht mehr Otto I., sondern sein Sohn Ludwig I., brachte sich wieder ins Spiel und übernahm etliches von den königlichen Besitzungen und Rechten in Regensburg; bald war er auf dem besten Weg, alleiniger Stadtherr zu werden: Das war die zweite Etappe. Doch dieser Erfolg rief den dritten

Machtfaktor auf den Plan; Bischof Konrad IV. stellte sich Herzog Ludwig I. in den Weg und machte eigene Ansprüche geltend. Seine Taktik dabei: Er schloß sich eng an König Philipp an, der inzwischen seinen Rivalen weitgehend verdrängt hatte. So folgte die dritte Etappe: Philipp vermittelte im Jahr 1205 einen Vertrag zwischen Herzog und Bischof, in dem die Stadtherrschaft unter beiden geteilt wurde. Doch wenig später – vierte Etappe – mischte er sich selbst, mit eigenen Interessen, wieder in die Regensburger Angelegenheiten ein: Er verbündete sich mit der Bürgerschaft und erließ 1207 ein Privileg, in dem er ganz bewußt deren Rechte stärkte, zum Schaden für Herzog und Bischof gleichermaßen. Kurz darauf wurde er jedoch ermordet; die Stellung des Königtums brach erneut zusammen. Herzog Ludwig I. war in diesem entscheidenden Augenblick anderweitig beansprucht; so schlug jetzt Bischof Konrads IV. große Stunde. Ein neuer Vertrag mit dem Herzog wurde geschlossen, im Jahr 1213, diesmal mit wesentlich mehr Rechten für den Bischof. Er war jetzt faktisch der alleinige Stadtherr von Regensburg; die fünfte Etappe. In dieser Form schienen sich die Verhältnisse zu stabilisieren. Konrads IV. Nachfolger, Bischof Siegfried, setzte die Politik seines Vorgängers unverändert fort; auch er arbeitete eng mit dem regierenden König und Kaiser zusammen. Auf dem Thron saß inzwischen Friedrich II., der Enkel Friedrich Barbarossas; über viele Jahre hinweg war Siegfried sein Kanzler. Mit dieser Rückendeckung konnte er in Regensburg mehr oder weniger frei schalten und walten; versuchter Widerstand Herzog Ludwigs I. und später seines Sohns, Herzog Ottos II., war zwecklos. Das Bündnis zwischen Bischof und Kaiser blieb auch bestehen, als Friedrich II. sich mit dem Papst überwarf – vorerst jedenfalls. Doch dann, 1245, eskalierte dieser Konflikt: Friedrich II. wurde vom Papst abgesetzt. Jetzt wechselte Bischof Siegfried, notgedrungen, die Seiten. Das war aber, was Regensburg betraf, ein entscheidender Fehler. Denn Friedrich II. zögerte keinen Augenblick: Er erließ ein neues Privileg für die Bürgerschaft und erteilte ihr die Befugnis weitestgehender Selbstregierung. Damit waren sowohl die Rechte des Bischofs als auch die, die der Herzog beanspruchte, hinfällig geworden. Wenig später, 1250, starb Friedrich II.; das Königtum geriet neuerlich – und diesmal dauerhaft – in einen Zustand der Schwäche. Friedrichs II. Nachfolger konnten deshalb auch die verbliebenen königlichen Rechte in Regensburg nicht mehr wahrnehmen. Die Stadt – sechste und letzte Etappe – war frei.

Für Regensburgs Weg zur Selbständigkeit waren von diesen sechs Etappen zwei besonders wichtig, nämlich die beiden, die mit der Gewährung königlicher oder kaiserlicher Privilegien verbunden waren. In ihnen waren ganz konkret die Rechte und Freiheiten verbrieft, die der Bürgerschaft zugesprochen wurden; auf sie konnte man sich bei Bedarf jederzeit berufen. – Das Privileg König Philipps aus dem Jahr 1207 („Philippinum") enthielt unter anderem Regelungen zur Organisation der Handelstätigkeit in Regensburg. Es bestätigte in diesem Zusammenhang die Existenz eines Amts, das sich die Bürgerschaft einige Zeit vorher selbst geschaffen hatte, das des sogenannten „Hansgrafen", einer Art Aufseher in Fragen von Handel und Gewerbe. Der Hansgraf – so heißt es im Privileg – erhalte sein Amt, indem er von der Gesamtheit der Bürger (im lateinischen Original: „universitas civium") gewählt werde. Die Regelung als solche ist im Grunde nebensächlich; höchst bedeutsam dagegen ist, daß hier zum ersten Mal in einem offiziellen Dokument jene „Gesamtheit der Bürger", also die Bürgerschaft, die „Stadt" in dem Sinn, den dieses Wort zunehmend bekam, als Rechtskörperschaft anerkannt wurde. – Das Privileg Kaiser Friedrichs II. aus dem Jahr 1245 („Fridericianum") enthielt dann die entscheidenden Punkte. Der Bürgerschaft, der „Stadt" (deren Bestehen jetzt schon eine Selbstverständlichkeit war) wurde die Befugnis erteilt, in Zukunft Bürgermeister, Stadtrat und städtische Verwaltungsbeamte selbst zu wählen. Mit anderen Worten: Regensburg erhielt das Recht der Selbstregierung. Das genaue Datum dieses für Regensburg höchst wichtigen Akts war der 10. November; es wird bis heute alljährlich feierlich begangen, in Gestalt des „Stadtfreiheitstags".

Mit dem Jahr 1245 änderte sich für Regensburg Grundlegendes. Die Stadtherren hatten nichts mehr zu sagen;

damit war aber auch die traditionelle Rolle, Hauptstadt zu sein, ausgespielt. Der Bischof war ab jetzt auf den relativ kleinen Bereich beschränkt, der ihm konkret gehörte, auf Dom und Bischofshof. Der Herzog behielt ebenfalls nur seinen direkten Besitz, die Pfalz am Alten Kornmarkt. Von dort aus, eingeengt und eingeschränkt, konnte er selbstverständlich nicht weiterhin sein Land regieren; so gerieten andere, weniger bedeutende Städte in Bayern in sein Blickfeld, darunter eine, die langfristig am meisten profitieren sollte: München. Der König und Kaiser schließlich kam auch weiterhin von Zeit zu Zeit nach Regensburg; aber er kam nicht mehr als Herr der Stadt, sondern als ihr Gast.

All dies war zweifellos ein Verlust für Regensburg; angesichts der wirtschaftlichen Lage, die nicht besser hätte sein können, glaubte man jedoch, ihn leicht verschmerzen zu können. Außerdem: Man hatte ja auch viel gewonnen; man war eine „Freie Reichsstadt" geworden. Der Begriff bringt auf den Punkt, was es mit der neuen Rechtssstellung auf sich hatte: Nach innen war man frei von sämtlichen Stadtherren; nach außen blieb man Teil eines größeren Ganzen, des deutschen Reichs. Symbolisch waren die beiden Aspekte im amtlichen Wappen der Stadt vereinigt. Für Regensburg standen – und stehen bis heute – zwei gekreuzte Schlüssel, die Attribute von Petrus, dem traditionellen Schutzheiligen des Doms und der ganzen Stadt; für das Reich stand der doppelköpfige Reichsadler. Zusammen repräsentierten sie die „Freie Reichsstadt Regensburg".

Doch die Freiheit – das darf nicht übersehen werden – hatte durchaus ihre Grenzen. In ihren Genuß kamen bei weitem nicht alle, die in Regensburg lebten, sondern allein die Bürger, die – wie schon erwähnt – die Stadt verkörperten und demgemäß mitsprechen und mitentscheiden durften. Bürger zu sein war etwas ausgesprochen Exklusives, vor 1245 mit einem mehr gesellschaftlichen, jetzt zusätzlich mit einem politischen Akzent; und man achtete peinlich darauf, daß dies auch so blieb. Rechtlich gesehen war Regensburg nicht eine Stadt von 20 000, sondern von kaum

Wappen der Freien Reichsstadt Regensburg; Steinmosaik von 1718 im Boden des Vorraums im ersten Stock des Alten Rathauses. Das Selbstverständnis der Freien Reichsstadt Regensburg - Eigenständigkeit auf der einen, Zugehörigkeit zum Reich auf der anderen Seite – wird hier in perfekter Form auf den Punkt gebracht.

2000 Menschen; und wer dazu nicht gehörte, bekam von der großen Freiheit nichts zu spüren.

Ein anderer Punkt: In Regensburg hatte man um seine Freiheit nicht – wie in anderen Städten – gekämpft; man hatte einfach aus dem Streit der Stadtherren seinen Nutzen gezogen. Man war einen relativ bequemen Weg gegangen –

mit der Konsequenz, daß man jetzt eine Freiheit genoß, die nur von außen gewährt und nicht aus eigener Kraft errungen war. Abgesehen davon, daß etwas Gewährtes theoretisch auch wieder rücknehmbar ist: Dem Ganzen haftete unübersehbar noch ein weiterer Makel an. Friedrich II. hatte 1245 der Bürgerschaft prinzipiell nur das zugestehen können, worüber er tatsächlich entscheidungsbefugt gewesen war. Eindeutig nicht war er dies zum Beispiel über den direkten Besitz der anderen Stadtherren gewesen; genau deshalb hatten der Bischof den Bischofshof und der Herzog die Herzogspfalz behalten. Damit nicht genug: Beide, Herzog wie Bischof, besaßen traditionell eigene Gerichte in der Stadt; auch sie bestanden fort. Und dann waren da noch drei Regensburger Klöster, die im Lauf der Zeit weitgehend selbständig geworden waren, St. Emmeram, das Niedermünster und das Obermünster; sie blieben ebenfalls in ihren Rechten völlig unangetastet. Mit anderen Worten: Die Freie Reichsstadt Regensburg konnte innerhalb ihrer Mauern keineswegs in aller Freiheit schalten und walten, wie sie wollte; ihre Souveränität war eingeschränkt, durchlöchert. Das war ärgerlich; das war aber vor allem auch gefährlich. Denn insbesondere die bayerischen Herzöge waren nicht bereit, das Geschehene einfach zu akzeptieren und auf Regensburg, ihre Hauptstadt, dauerhaft zu verzichten. Im Augenblick mochten sie bei deren Reichtum machtlos sein; aber das mußte nicht für alle Zukunft so bleiben. Sie behaupteten gewisse Anhaltspunkte; vielleicht war daraus eines Tages wieder mehr zu machen. Es gab, auf lange Sicht, einen Grund der Hoffnung für die Herzöge – und einen Grund der Sorge für die Stadt.

Die Strukturen der Stadt

Freilich: Dies waren Zukunftsperspektiven, höchst ungewisse noch dazu; im Augenblick, in der Zeit unmittelbar nach 1245, stand Regensburg völlig unerschütterlich da. Die Stadt befand sich auf dem Höhepunkt ihrer wirtschaft-

Regensburg, Ansicht von Norden; Holzschnitt von Michael Wolgemut, aus der Weltchronik des Hartmann Schedel, Nürnberg 1493. Der Holzschnitt ist die älteste Gesamtansicht des mittelalterlichen Regensburg und damit schon an und für sich von besonderem Wert; durch die detailgetreue Wiedergabe der Stadtsilhouette gewinnt er geradezu dokumentarischen Charakter. Besonders auffällig sind der noch unvollendete Dom und die Vielzahl von Geschlechtertürmen.

79

lichen Entwicklung; ihre Größe beeindruckte jeden, der sie besuchte. Wenn ein Fremder auf einer der Haupteinfallstraßen von Osten oder von Westen sich Regensburg näherte, mußte er zunächst die im Entstehen begriffenen Vorstädte durchqueren; dort sah er, wie allenthalben gebaut wurde, an Privathäusern, an Wirtschaftsgebäuden und vor allem an den neuen Befestigungsanlagen, die bald schon die Vorstädte komplett in die bisherige Stadt einbeziehen sollten. Kam er auf dem Schiff, die Donau entlang, fiel ihm als erstes die Steinerne Brücke ins Auge, ein Bauwerk, das weit und breit geradezu als Weltwunder galt; es sollte ihn gleich zu Beginn seines Besuchs auf Regensburgs Macht und Pracht einstimmen. In der Stadt dann, vor allem in ihrem Zentrum, umfing ihn das bunte Leben und die emsige Geschäftigkeit der fast 20 000köpfigen Großstadt. Ein verwirrendes Durcheinander von Gassen, Straßen und Plätzen, allesamt noch ungepflastert, bot sich ihm dar. Erst bei näherem Hinsehen fielen ihm gewisse Strukturen ins Auge, an die er sich zu seiner Orientierung halten konnte. Die Plätze waren im wesentlichen nach ihrer jeweiligen Funktion benannt; zusammen bildeten sie Platzfolgen, immer in ost-westlicher Richtung aneinandergereiht: Hierin spiegelte sich die Entwicklung der Stadt längs ihrer Lebensader, der Donau. Und auch die Namen der Straßen halfen ihm weiter: Sie wiesen auf charakteristische Gebäude oder Einrichtungen hin, häufig auf Kirchen oder Wirtshäuser, oder sie bezogen sich auf bestimmte Bevölkerungsgruppen, meist Berufsstände, die an Ort und Stelle wohnten. Unpraktisch nur: Die Straßennamen waren nirgendwo angeschrieben; der Fremde mußte in jedem Einzelfall bei den Einheimischen nachfragen, welche Bezeichnungen sich eingebürgert hatten. Nicht immer waren sie eindeutig – was die Orientierung wieder erschwerte.

Erst zu Beginn des 19. Jahrhunderts wurden die Regensburger Straßennamen amtlich fixiert. Man behielt damals die traditionellen Bezeichnungen bei; mit etwas Vorstellungskraft kann man deshalb bei einem Spaziergang in der Altstadt auch heute noch dem Alltagsleben der Regensburger aus früheren

Zeiten nachspüren. Die meisten alten Kirchen und ehemaligen Klöster sind baulich nach wie vor erhalten; in diesen Fällen gewinnt man kaum neue Erkenntnisse. Bei den Wirtshäusern ist es schon anders: An viele von ihnen, mit ihren überaus phantasievollen Namen – Goldener Bär, Silberner Kranz, Blaue Lilie, Drei Mohren –, erinnert nichts mehr, außer eben den Straßennamen. Ebenso an die ganze Vielfalt der Berufsstände, von denen fast alle längst ausgestorben sind: die Krämer und Tändler, die Lederer und Weißgerber, die Schäffner, die Wollwirker, die Pfannenschmiede und viele andere mehr. Namen von ehemaligen Hausbesitzern – Fuchs, Loth, Gichtl, Zierold, Haag, Prinz – lassen sich dingfest machen, manchmal auch die Namen der Häuser selbst, die Grieb, der Römling, der Goliath. Dann die Funktion der Plätze natürlich: Auf dem einen wurden Kohlen verkauft, auf dem anderen Fische, oder Wein, oder Korn, oder Kräuter und Gemüse. Und weiter: Vor dem Verkauf mußten die Waren erst einmal nach Regensburg geliefert werden, vorzugsweise auf der Donau; deshalb gibt es, zum Beispiel, neben dem Weinmarkt die Weinlände, wo der Wein von den Schiffen an Land gebracht wurde. Manche Straßennamen allerdings erschließen sich erst nach längerem Tüfteln, das „Grüne Gäßchen" zum Beispiel, das eigentlich ein „krummes Gäßchen" ist, oder die „Hundsumkehr", die nichts mit Hunden, sondern mit dem alten deutschen Wort „hunz" = „bis hin zu" zu tun hat und einfach „Sackgasse" meint …

Was einem Fremden wahrscheinlich nicht so schnell auffiel, waren bestimmte Einteilungen innerhalb Regensburgs, die verwaltungstechnischen Zwecken dienten, zum Beispiel die Unterscheidung von „Oberer Stadt" und „Unterer Stadt". Die Grenze zwischen der einen und der anderen bildete ein kleiner Bach, Zufluß der Donau, der seit alters Regensburg von Süd nach Nord durchquerte, der sogenannte Vitusbach. (Er entsprang im Umland, im Bereich eines Klosters mit Namen St. Vitus; daher seine Bezeichnung.) Er schied die Stadt in zwei ungefähr gleich große Hälften; die westliche hieß im allgemeinen Sprachgebrauch die „obere", weil sie donauaufwärts lag, und die östliche, donauabwärts gelegene, die „untere Stadt". Die Einteilung wurde vor allem im Kirchenwesen verwandt: Es gab eine Pfarrei der Oberen Stadt mit der Pfarrkirche St.

Rupert, die an den Komplex des Klosters St. Emmeram angeschlossen war, und eine Pfarrei der Unteren Stadt mit der Pfarrkirche St. Ulrich, in unmittelbarer Nachbarschaft des Doms gelegen. Bei diesen beiden Kirchen befanden sich auch die Friedhöfe. (Beide sind längst stillgelegt und ausgelagert; ihre Nachfolger, jedenfalls was die katholische Kirche angeht, werden aber auch heute noch nach „oben" und „unten" unterschieden.)

Wichtiger für die städtische Verwaltung war eine andere Einteilung, die in acht Stadtviertel, die sogenannten „Wachten". Ihre Namen: Westnerwacht (nach der Lage im Westen), Schererwacht (nach dem Berufsstand der Tuchscherer), Wildwercherwacht (nach dem Berufsstand der Kürschner), Donauwacht (nach der Lage an der Donau), Wahlenwacht (nach der Lage an der Wahlenstraße), Witwangerwacht (nach dem Berufsstand der Holzhändler), Pauluserwacht (nach der Lage am Kloster St. Paul), Ostnerwacht (nach der Lage im Osten). Wie und wann die Wachten entstanden, ist bei den Experten nicht restlos geklärt; leichter ist es, ihre Funktionen zu bestimmen. Vereinfacht ausgedrückt: Auf der Ebene der Wacht wurden kleinere Verwaltungsangelegenheiten erledigt, zum Beispiel Baugenehmigungen erteilt oder Grenzstreitigkeiten zwischen Grundstückseigentümern beigelegt. Zu diesem Zweck hatte die Wacht eigene Organe, einen Wachtmeister sowie einen Rat von acht ehrbaren Bürgern, der ihm zur Seite stand. Einmal im Jahr kamen sämtliche Bürger der Wacht auf einem öffentlichen Platz zusammen; in einer feierlichen Zeremonie wurde ihnen verlesen, was ihre Rechte und Pflichten waren; anschließend leisteten sie einen Treueid auf die städtische Verfassung. Dieses „Wachtgeding" – so der Fachausdruck – gehörte zum Eindrucksvollsten und Aussagekräftigsten, was das öffentliche Leben der Freien Reichsstadt Regensburg zu bieten hatte.

Die Bewohner der Stadt

Bei näherem Hinsehen war die Stadt, die auf den ersten Blick so unübersichtlich wirkte, also durchaus sinnvoll strukturiert und gegliedert. Nicht anders verhielt es sich mit den in ihr lebenden Menschen. Die fast 20 000 Einwohner Regensburgs bildete keineswegs eine amorphe Masse; vielmehr setzte sie sich aus ganz unterschiedlichen Gruppen zusammen. Jede von ihnen hatte ihre eigenen Lebensformen, ihr eigenes Selbstbewußtsein, ihre eigene Identität. Das Trennende wurde oftmals mindestens so stark empfunden wie das Verbindende; darin unterschied sich die Stadt des Mittelalters nicht von der heutiger Tage.

Die einzelnen Berufsstände, zum Beispiel, bildeten ausgesprochen geschlossene Gesellschaften. Man war in Zünften organisiert, die Beruf und Freizeit gleichermaßen reglementierten; man wohnte zusammen in bestimmten Straßenzügen; man trug charakteristische Trachten. Kurz: Man lebte sein Leben weitgehend im Kontext von seinesgleichen. Von den anderen Berufsständen und ihren Zünften grenzte man sich in aller Deutlichkeit ab – was mitunter, bei Festlichkeiten oder ähnlichen Anlässen, zu handfestem Streit und Unruhen führen konnte. Besonders tief war dabei die Kluft, die zwischen den Handwerkern auf der einen und den Kaufleuten auf der anderen Seite bestand; hier ging es nicht nur um gesellschaftliche, sondern um sehr ernsthafte politische Dinge. Regensburg lebte vor allem vom Handel; dementsprechend waren es die Kaufleute, insbesondere die Großkaufleute, die Patrizier, die in der Stadt den Ton angaben. Sie führten, seitdem Regensburg frei geworden war, das Regiment, bildeten den Stadtrat, verwalteten die wichtigsten städtischen Ämter – und sie waren naturgemäß daran interessiert, daß dies für immer so bleiben sollte. Blickten sie jedoch in andere Städte, dann konnten sie sehen, daß häufig nach einer gewissen Zeit auch die Handwerker und ihre Zünfte sich ins politische Geschehen einzumischen begannen und einen Teil der Macht für sich beanspruchten. Mitunter entstanden daraus schwere und langandauernde innere Auseinandersetzungen und Kämpfe; oft genug endeten sie damit, daß die Patrizier nachgeben und die Macht teilen mußten. In Regensburg bemühte man sich angesichts dessen, schon den allerersten Anfängen zu wehren: Um die Zünfte klein zu halten, wurde der Handwerkerstand insgesamt klein gehalten. Die Strategie funktionierte – allerdings um einen hohen Preis: Der Handel allein dominierte das ganze Wirtschaftsleben; es etablierte sich eine regelrechte Monostruktur. Das war langfristig nicht unbedenklich; doch darüber machte sich offensichtlich niemand große Sorgen. So gut, wie der Handel lief, so glänzend, wie die Geschäfte sich immer aufs neue anließen, sah man die möglichen Gefahren nicht, konnte und wollte sie wohl auch nicht sehen.

Neben ihrer beruflichen Zugehörigkeit unterschieden sich die Bewohner von Regensburg – und dieses Kriterium war mindestens ebenso wichtig – auch nach ihrer rechtlichen Stellung. Den Grundsatz, daß alle Menschen vor dem Gesetz gleich seien, kannte das Mittelalter nicht, ganz im Gegenteil: Verschiedenste Rechtsbereiche, gültig für bestimmte Personengruppen, standen nebeneinander; und je nach dem, zu welcher dieser Gruppen der Einzelne gehörte, desto mehr oder weniger Rechte hatte er, und damit Möglichkeiten, am öffentlichen Leben teilzuhaben.

In rechtlicher Hinsicht am meisten privilegiert waren zweifellos die Bürger. Sie verkörperten die Freie Reichsstadt Regensburg; sie allein hatten die Möglichkeit, sich politisch zu betätigen, zu wählen, Ämter zu übernehmen und so weiter. Jedoch: Nicht allen Bürgern standen alle Ämter offen. Die Stellen im wichtigsten Verwaltungsgremium, dem Stadtrat, waren innerhalb der Bürgerschaft dem relativ kleinen Kreis derer vorbehalten, die auch in wirtschaftlicher Hinsicht die Stadt dominierten, den Großkaufleuten, den Patriziern. Sie waren die eigentliche Führungsschicht – eine Schicht, deren Zusammensetzung über Generationen hinweg erstaunlich stabil blieb: Immer wieder tauchen in den Ratsverzeichnissen des Mittelalters die gleichen Familiennamen auf. Patrizier gab es zwischen 60 und 70 in Regensburg, Bürger – wie schon erwähnt – annähernd 2000, bei einer Gesamtbevölkerung von 20000. Das Bürgerrecht war erblich. Es bot dem, der es besaß, neben den politischen noch eine Reihe weiterer Vorteile: Nur Bürger durften sich unbegrenzt in der Stadt aufhalten; nur Bürger durften Haus- und Grundbesitz erwerben; nur Bürger durften selbständig ein Gewerbe betreiben.

Neben den Bürgern, oder besser: unter ihnen, standen die sogenannten Beisitzer. Zu dieser Gruppe gehörten zum Beispiel Zugezogene, die zunächst nur eine begrenzte Aufenthaltsgenehmigung gewährt bekamen. Mit etwas Glück konnten sie nach einiger Zeit das Bürgerrecht erwerben, vor allem wenn sie wirtschaftlich erfolgreich waren. Denn darin bestand die wichtigste Bedingung, in den Kreis der Bürger aufgenommen zu werden: Man mußte ein bestimmtes Vermögen oder Einkommen nachweisen können. Ebenfalls Beisitzer waren alle, die kein selbständiges Gewerbe betrieben, also etwa die Gesellen eines Handwerkermeisters. Und nicht zuletzt zählten zu den Beisitzern alleinstehende Frauen; das Bürgerrecht war reine Männersache.

Für beide Gruppen waren die Institutionen – Ämter und Gerichte – der Freien Reichsstadt zuständig; Bürger und Beisitzer unterstanden somit direkt deren Obrigkeit, ihren Gesetzen und ihren Vorschriften. Es gab jedoch auch Menschen, die zwar in Regensburg ansässig waren, die aber mit der Freien Reichsstadt nichts zu tun hatten; bei ihnen tritt besonders deutlich die Unterscheidung zutage, die immer wieder gemacht werden muß zwischen der „Stadt" als Lebensraum und der „Stadt" als Rechtskörperschaft. Am wichtigsten, weil zahlenmäßig am größten: der Klerus, die ganze Menge der Geistlichen, die im Umkreis des Bischofs und der Klöster lebten und arbeiteten, samt ihren weltlichen Dienstleuten. Sie alle achteten streng darauf, daß ihre „Immunität" gewahrt blieb, das Recht, von keiner weltlichen Macht beherrscht und insbesondere vor Gericht gezogen zu werden. Dementsprechend gab es spe-

zielle geistliche Gerichtsinstanzen, vor allem das bischöfliche Propstgericht. Ein ähnlicher Fall: die in Regensburg
lebenden Amts- und Dienstleute des bayerischen Herzogs;
auch sie hatten ein eigenes Gericht, das herzogliche Schultheißengericht. Mit anderen Worten: Große und wichtige
Personenkreise waren der Kontrolle und dem Zugriff der
Freien Reichsstadt komplett entzogen; hier manifestierte
sich ganz konkret ihre durchlöcherte Souveränität.

In der Praxis fand man aber schließlich doch Mittel
und Wege, auch auf die beiden genannten Gruppen Einfluß
zu nehmen. Der Punkt, von dem aus man ansetzte, war
einmal mehr Regensburgs wirtschaftliche Stärke. Bischof
und Herzog steckten oft in Geldnöten; die Freie Reichsstadt gewährte ihnen Kredite; als Sicherheit ließ sie sich
Pfänder geben. Nicht irgendwelche; ganz zielstrebig und
egoistisch legte sie vielmehr Hand auf alles, was dazu
diente, die eigene Position zu festigen und auszubauen, auf
Dörfer und Märkte in der unmittelbaren Umgebung zum
Beispiel, zwecks Abrundung des territorialen Bestands,
oder eben auf die Besetzung und Ausübung der beiden
stadtfremden Gerichte. Über Generationen hinweg waren
sowohl das Propstgericht als auch das Schultheißengericht
vom Bischof und vom Herzog an die Freie Reichsstadt verpfändet – und somit die Löcher in der Souveränität fürs
erste gestopft.

Eine ganz besondere Gruppe innerhalb der Regensburger
Bevölkerung bildeten die Juden. Die jüdische Gemeinde
bestand aus ungefähr 500 Personen; damit war sie eine der
größten in Deutschland. Wobei „groß" nicht nur eine Frage der
Quantität war: Die Regensburger Thoraschule, zum Beispiel,
hatte einen Ruf, der weit über die Stadt hinausreichte; bedeutende Gelehrte arbeiteten hier. Die Juden wohnten in einem
eigenen Viertel im Bereich des heutigen Neupfarrplatzes; es
gab eine Synagoge und eine Reihe von anderen Einrichtungen, die für das Gemeindeleben notwendig waren. (Das Areal
ist bei Grabungen in jüngster Zeit ausgiebig erforscht worden,
wobei eine Fülle höchst interessanter Funde zutage kamen,
insbesondere ein umfangreicher Schatz von Goldmünzen.)
Das Verhältnis der Juden zu ihrer christlichen Umwelt scheint

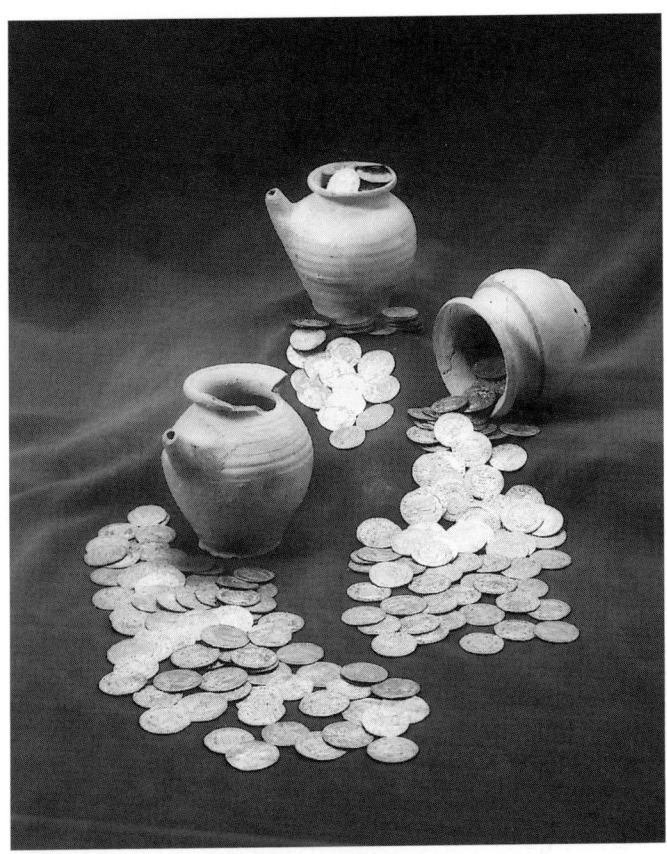

Münzschatz aus dem ehemaligen jüdischen Viertel, geborgen im August 1996. Der Schatz umfaßt 624 Goldmünzen verschiedener Herkunft. Er wurde im Jahr 1388, als im Städtekrieg bayerische Truppen Regensburg belagerten, von einem wohlhabenden jüdischen Regensburger im Keller-boden seines Hauses versteckt. Die Summe entsprach in damaliger Kauf-kraft etwa dem Wert von zwei Bürgerhäusern. – Regensburg, Historisches Museum der Stadt.

zu Beginn relativ problemlos gewesen zu sein. Erste Zeugnisse aus der Zeit um 1000 lassen in keiner Weise auf eine wie auch immer geartete Diskriminierung schließen: Die Juden waren vollständig in die städtische Gesellschaft integriert; manche von ihnen gehörten als Großkaufleute durchaus zur Oberschicht. Bald machten sich jedoch auch in Regensburg die Folgen einer planmäßigen Strategie der Ausgrenzung bemerkbar, die kirchliche und weltliche Obrigkeit damals gleichermaßen betrieben. Die Juden erhielten einen speziellen Rechtsstatus; sie wurden in bestimmte Berufe gedrängt, vor allem in das Gewerbe des Geldverleihens; sie mußten sich an Kleiderordnungen halten. Das jüdische Viertel wurde zunehmend zum Ghetto. Immerhin: Als andernorts in Deutschland die ersten antijüdischen Pogrome aufflammten, blieb man in Regensburg erstaunlich zurückhaltend und schützte die ansässigen Juden, anstatt sie zu verfolgen und zu vertreiben. Der Grund ist denkbar einfach: Der Stadt ging es gut; es gab keine wirtschaftlichen Probleme; man brauchte keine Sündenböcke – jedenfalls vorerst nicht.

Ihre konkrete Manifestation fand die Souveränität der Freien Reichsstadt im Gremium des Stadtrats; er tagte im Alten Rathaus. Der Stadtrat machte die Gesetze, führte sie aus und ahndete ihre Übertretung; er war Legislative, Exekutive und Judikative in einem. Seine 16 Mitglieder wurden von den Bürgern gewählt; aber da sie aus den Kreisen der Patrizier stammen mußten, war die Freiheit der Wahl nicht besonders groß. Das Regiment von einigen wenigen blieb unangefochten; in der Freien Reichsstadt Regensburg herrschte eine klassische Oligarchie. Zwar gab es neben dem Stadtrat noch andere Gremien, die eher demokratischen Grundsätzen verpflichtet waren, vor allem den äußeren Rat mit 30 Mitgliedern, in den auch Nicht-Patrizier gewählt werden konnten, und die sogenannte Gemeinde, die ursprünglich eine Versammlung aller Bürger und später ein Bürger-Ausschuß von etwa 40 Personen war. Die Befugnisse dieser Gremien waren jedoch eng begrenzt; denen, die tatsächlich die Macht ausübten, konnten sie zu keiner Zeit ernsthaft bedrohlich werden.

Eine einzige Gefahrenquelle gab es; sie war verkörpert

Altes Rathaus; Kupferstich von Matthäus Merian, 1644. Den Kern der Anlage bildet der Mitteltrakt mit Rathausturm, erbaut um 1250, kurz nach dem Aufstieg Regensburgs zur Freien Reichsstadt. Nicht ohne Grund ähnelt er einem Patrizierhaus mit Geschlechterturm; schließlich wurde er für den Rat, also für Patrizier gebaut. Westlich (im Bild links) schließt der Gebäudeteil mit dem großen Festsaal an, der um 1360 errichtet wurde. Der östliche Trakt mit dem Marktturm wurde im 17. und 18. Jahrhundert durch einen Neubau ersetzt.

im Amt des Bürgermeisters. Denn der Bürgermeister, gewählt von der Gemeinde mit der Aufgabe, den Frieden nach innen zu wahren und für die Verteidigung nach außen zu sorgen, durfte nach geltendem Recht nicht gleichzeitig Mitglied im Stadtrat sein. Mit anderen Worten: Der Bürgermeister war kein Patrizier; oder umgekehrt: Ein Patrizier konnte nicht Bürgermeister sein. Das Amt befand sich somit außerhalb der Kontrolle derer, die sonst alles kontrollierten – ein Ärgernis, das es baldmöglichst aus der Welt zu schaffen galt. Dies gelang nicht von heute auf morgen; doch im Lauf der Zeit, in mehreren kleineren Schritten, konnten die Patrizier sich tatsächlich gegen den Bürger-

Sitzung des Stadtrats; Miniatur von Hans Mielich, Regensburg 1536. Die 16 Mitglieder des Stadtrats tagten traditionsgemäß in der Ratsstube im ersten Stock des Mitteltrakts vom Alten Rathaus. Die Räumlichkeiten präsentieren sich heute im wesentlichen in originalgetreu rekonstruierten Formen. – Regensburg, Historisches Museum der Stadt.

meister durchsetzen. Zuerst wurde dessen Amtszeit auf ein Jahr begrenzt; dann bestimmte man, daß nur noch Auswärtige Bürgermeister werden durften, also Personen ohne größeren Rückhalt in der Stadt; zuletzt, 1429, wurde das Amt komplett abgeschafft. An die Stelle des Bürgermeisters trat der Kämmerer, ein Mitglied des Stadtrats, ein Patrizier. Seine Position war allerdings eine rein formelle; die Amtszeit betrug jeweils nicht mehr als ein Vierteljahr. Alle wesentlichen Funktionen, die die Freie Reichsstadt Regensburg zu vergeben hatte, waren nun in den Händen ein und derselben exklusiven Gruppe. Die Patrizier herrschten unumschränkt, in wirtschaftlicher und in politischer Hinsicht. Die Entwicklung der Freien Reichsstadt war in gewisser Weise an einen logischen Schluß- und Höhepunkt gelangt.

„Stadt des Reichs":
Regensburg in der frühen Neuzeit

Durch florierenden Handel war Regensburg reich und
durch Reichtum frei geworden; die beiden Aspekte, der
wirtschaftliche und der politische, hatten in enger Ver-
flechtung dafür gesorgt, daß die Geschichte der Stadt
über Jahrhunderte hinweg eine ausgesprochene Erfolgsge-
schichte war. Dieser Zusammenhang barg jedoch auch eine
beträchtliche Gefahr: Was würde aus Regensburg, aus der
Freien Reichsstadt werden, wenn die wirtschaftliche Expansion einmal an ihre Grenzen stoßen oder sich gar in ihr
Gegenteil, in Stagnation und Abstieg verkehren würde?
Während der langen Zeiten der Blüte stellte sich verständlicherweise niemand diese Frage; und niemand traf Vor-
kehrungen für den Fall, daß die Dinge einmal weniger gut
laufen würden. Es hätte sich beispielsweise angeboten, in
Ruhe zu überlegen, ob nicht zum langfristigen Nutzen der
Stadt gegen die wirtschaftliche Dominanz des Handels und
die politische Dominanz der Patrizier – beides bedenkliche
Einseitigkeiten – etwas zu unternehmen war; genau das
geschah nicht. Ganz im Gegenteil: Die Regensburger
Führungsschicht betrieb eine reine Interessenpolitik; in
egoistischem Kalkül akzentuierte sie die bestehenden
Monostrukturen noch, anstatt sie zu beheben. Davon ist
schon die Rede gewesen: Das Handwerk wurde bewußt
gehemmt, die Verwaltungsämter immer exklusiver den
Patriziern vorbehalten. Sie herrschten schließlich allein in
Regensburg, sowohl wirtschaftlich als auch politisch. Die
Konsequenz ist leicht zu ziehen: Das Schicksal der Patrizier war auch das Schicksal der Freien Reichsstadt – in
guten wie in schlechten Zeiten.

Wirtschaftlicher Niedergang

Kein wirtschaftlicher Aufschwung dauert ewig; diese Erfahrung mußte irgendwann auch Regensburg machen. Generationen von Kaufleuten hatten erlebt, wie ihre Geschäfte und Geschicke sich immer glanzvoller gestalteten. Im 14. Jahrhundert jedoch fing diese Dynamik mit einem Mal an, sich abzuschwächen und, zunächst nur ganz langsam und unmerklich, dann aber immer schneller und deutlicher wahrnehmbar, in ihr Gegenteil zu verkehren. Gewiß: Das ging nicht von heute auf morgen; es dauerte einige Zeit, bis eine der reichsten Städte Deutschlands wirklich und ernsthaft verarmte. Doch schließlich, im 15. Jahrhundert, war es so weit: Regensburg geriet in echte wirtschaftliche Schwierigkeiten – eine völlig neue Situation für die erfolgverwöhnten Bürger.

Macht man sich daran, nach den Ursachen zu forschen, so stößt man auf eine geradezu klassische Kombination von internen und externen, von strukturellen und psychologischen Faktoren, die denkbar ungünstig zusammenwirkten. Regensburg hatte einst davon profitiert, weit und breit die einzige voll ausgebildete Stadt zu sein; das änderte sich allmählich. Neugegründete Städte – Landshut, Nürnberg, München, um nur die in der näheren Umgebung zu nennen – kamen empor; ihre Kaufleute wurden ernstzunehmende Konkurrenten. Neu am Markt, wie sie waren, hatten sie oftmals ein besseres Gespür dafür, daß sich sowohl die Zusammensetzung als auch die Bedürfnisse der Kundschaft stark gewandelt hatten. Zum einen: Der Kreis potentieller Konsumenten war viel größer geworden. Zum anderen: Nachfrage bestand jetzt nicht mehr in erster Linie nach Luxus-, sondern nach Massengütern aller Art. In Regensburg hatte man diese Entwicklungen schlicht verschlafen; der Erfolg hatte bequem und unflexibel gemacht. Die ganze Mentalität der einst so unternehmungsfreudigen Patrizier hatte sich verändert: Sie waren reich geworden und beschäftigten sich zunehmend mit den angenehmen Dingen des Lebens. Statt zu investieren und zu modernisieren, verlegten sie sich darauf, zu repräsentieren und zu imitieren. Nachahmung des Adels kam in Mode: Man pflegte einen feudalen Lebensstil, mit all der Großzügigkeit und Verschwendung, die dazugehörte. Man baute regelrechte Burgen in der Stadt; teilweise kaufte man gar komplette adelige Landgüter und zog sich vollends aus Regensburg zurück. Wirtschaftliche Innovationen waren von dieser Art Patrizier nicht mehr zu erwarten. Bald schon verpaßten sie den Anschluß an den Wandel der Zeiten; ihr Niedergang begann.

Das Fatale daran: Es gab nichts, was ihn hätte kompensieren können. Regensburg lebte nun einmal überwiegend vom Handel; andere Gewerbezweige, insbesondere die Produktion, waren nur sehr schwach entwickelt. Jetzt rächte sich, was Taktik der Patrizier gewesen war: Das absichtlich klein und bedeutungslos gehaltene Handwerk konnte die Verluste, die der Handel einfuhr, in keiner Weise ausgleichen. Eine andere mögliche Alternative hatte Regensburg sich schon 1245 verbaut: Damals waren die ehemaligen Stadtherren erfolgreich verdrängt worden – und mit ihnen ihre ganze, beträchtliche Kaufkraft. Mehr noch: Einer davon, der Herzog von Bayern, hatte nie verwunden, daß ihm ausgerechnet seine traditionelle Hauptstadt entglitten war; er setzte alles daran, sie zurückzugewinnen. Nicht mit Gewalt, nicht von heute auf morgen; es gab subtilere Methoden. Er förderte Städte in der Nachbarschaft und verlieh ihnen Märkte und Handelsprivilegien; damit schuf er den Regensburgern unliebsame Konkurrenz. Er erhob hohe Zölle auf alle Waren, die die Grenzen zur Freien Reichsstadt passierten; damit veranlaßte er, daß sich die Handelswege zu verlagern begannen. Es war eine Taktik der Nadelstiche und der Schikanen. Sie bedurfte eines langen Atems; doch auf die Dauer blieb der Erfolg nicht aus.

Der Weg des Niedergangs war bereits beschritten, da traf Regensburg der schwerste Schlag. Im 15. Jahrhundert setzten sich, von Kleinasien kommend, die Türken auf dem Balkan fest; 1453 eroberten sie Konstantinopel; bald be-

94

herrschten sie die Länder bis Ungarn und Österreich hinauf. Die Türken galten als Erb- und Erzfeinde der Christenheit; Krieg mit ihnen war der Dauerzustand, friedliche Kontakte undenkbar. Für Regensburg hieß das: Die Handelsroute entlang der Donau wurde unterbrochen; die Lebensader, aus der sich der Reichtum der Stadt gespeist hatte, versiegte. Mit umgekehrtem Vorzeichen wiederholten sich die Vorgänge des frühen Mittelalters. Damals hatte die freie und durchgehende Benutzung der Donau Regensburgs Aufstieg entscheidend befördert; ihre Sperrung besiegelte jetzt endgültig den Niedergang. Wenig später, am Ende des 15. Jahrhunderts, wurde Amerika entdeckt; das Koordinatensystem des gesamten europäischen Handels verschob sich nach Westen, zu den Häfen des Atlantik; Regensburg geriet noch mehr ins Abseits. Doch das war angesichts des Vorausgegangenen eigentlich nur noch von untergeordneter Bedeutung. Der Kreis hatte sich bereits geschlossen; die Rolle der glänzenden Handelsmetropole war ausgespielt.

Die Folgen waren dramatisch. Was die Stadt einst ausgezeichnet hatte, ihre Vielfalt, ihre Dynamik, ihre weltläufige Atmosphäre: All das verflüchtigte sich, verschwand. Die Bevölkerungszahl stagnierte und verharrte für Jahrhunderte auf dem erreichten Stand von 20 000 Einwohnern: Das mochte einst viel gewesen sein; bald war es kaum mehr der Rede wert. Nirgendwo entstanden neue Stadtviertel; der Raum innerhalb der alten Mauern reichte noch im 19. Jahrhundert völlig aus. Die Bautätigkeit erlahmte; das traditionelle Aussehen der Plätze, Straßen und Gassen bestand fort, selbst als längst neue Bauweisen und Stile aufgekommen waren. Das Stadtbild veraltete – ein für jedermann sichtbares Zeugnis dafür, daß Regensburg nicht mehr Schritt halten konnte mit der Zeit. In höchstem Maß symbolisch: die Verhältnisse am Dom. Während der Blütezeit des 13. Jahrhunderts begonnen, mußten die Bauarbeiten zu Beginn des 16. Jahrhunderts eingestellt werden; statt Regensburgs Reichtum verkündete der Dom jetzt nur noch Regensburgs Ruin.

Das waren Äußerlichkeiten. Bedenklicher und gefährlicher: Das ganze innere Gefüge der Freien Reichsstadt kam ins Wanken. Das Steueraufkommen reduzierte sich; der städtische Haushalt geriet in ein permanentes Defizit. Zahlreiche Menschen verarmten; soziale Spannungen und Unruhen waren die Folge. Die allgemeine Unzufriedenheit mit dem bestehenden Stadtregiment wuchs. Die herrschenden Patrizier konnten all dem wenig entgegensetzen. Ihre politische Autorität hatte im Grunde immer auf ihrem wirtschaftlichen Erfolg beruht; jetzt ging das eine mit dem anderen zuschanden. Ihre Machtposition als solche stand in Frage – und damit, angesichts des hohen Grades von Identifikation, die gesamte Verfassung der Freien Reichsstadt. Gleichzeitig drohte Gefahr von außen. Der Herzog von Bayern, der beharrlichste der ehemaligen Stadtherren, sah endlich seine Chance kommen. Regensburg war geschwächt; das war die Gelegenheit, es wieder seiner Herrschaft zu unterwerfen. Von innen wie von außen: Die Freie Reichsstadt Regensburg war in ihrer Existenz bedroht. Unaufhaltsam steuerte sie einer schweren Krise entgegen.

Die Krise um 1500

Was die Krise schließlich auslöste, war eine bewußt kalkulierte Initiative des Herzogs von Bayern. Wieder, wie schon so oft in der Vergangenheit, ging er höchst subtil und doch höchst wirksam vor. Die Freie Reichsstadt hatte sich einst, um die Löcher in ihrer Souveränität zu stopfen, etliche herzogliche Rechte und Besitztitel verpfänden lassen; längst hatte man sich daran gewöhnt, sie ungestört auszuüben. Im Jahr 1486 jedoch, völlig unerwartet, zahlte Herzog Albrecht IV. die ursprünglichen Pfandsummen zurück und löste die Pfänder aus. Prompt geriet Regensburg in allergrößte Verlegenheit. Wichtige Besitzungen in unmittelbarer Nähe – vor allem das am nördlichen Donauufer benachbarte, strategisch überaus bedeutsame Stadtamhof – gingen verloren; die bayerische Herrschaft rückte bis unmittelbar an die Stadtmauern heran. Mindestens ebenso bedrohlich:

Dom, Westfassade, Zustand um die Mitte des 19. Jahrhunderts; Aquarell von Philipp Koch. Bis ins 19. Jahrhundert symbolisierte der Dom zweierlei zugleich: Seine gewaltigen Dimensionen zeugten von der Dynamik und der Leistungsfähigkeit der mittelalterlichen Groß- und Fernhandelsstadt Regensburg; sein Zustand als Torso belegte die Stagnation und den Stillstand, die darauf folgten. – Regensburg, Historisches Museum der Stadt.

Das alte herzogliche Schultheißengericht, ebenfalls generationenlang verpfändet, unterstand jetzt wieder dem Herzog selbst und ermöglichte es ihm, sich direkt in die städtischen Angelegenheiten einmischen. Seine Macht wuchs beträchtlich – und das in einem Augenblick, in dem in Regensburg angesichts all der Probleme, die man ohnehin schon hatte, hochgradige Verunsicherung herrschte.

Das war der springende Punkt: Anders als im 13. Jahrhundert, als nach der Erteilung der kaiserlichen Privilegien ja zunächst auch noch die herzoglichen Rechte fortbestanden hatten – genau die gleichen, die jetzt wiederhergestellt wurden –, fühlten sich die Bürger der Freien Reichsstadt in der Situation des Jahres 1486 nicht mehr imstande, dem damit verbundenen Druck ohne weiteres standhalten zu können. Und so trafen sie eine Entscheidung, die sie früher niemals getroffen hätten: Sie verzichteten freiwillig auf all ihre anderen Freiheitsrechte und unterstellten sich gänzlich der Herrschaft des Herzogs. Es war eine regelrechte Kapitulation, nichts anderes; die Freie Reichsstadt Regensburg, verarmt und verunsichert, gab auf. Wie im Bereich der Wirtschaft sah es auch in dem der Politik so aus, als solle sich der Kreis um die Zeiten von Regensburgs Ruhm schließen.

Jedoch: Beide beteiligte Seiten, die Stadt ebenso wie Herzog Albrecht IV., hatten die Rechnung ohne einen Dritten gemacht. „Freie Reichsstadt": Der Begriff umfaßte traditionell zweierlei, die Freiheit nach innen und die Zugehörigkeit zum deutschen Reich nach außen. Mit dem einen war jetzt auch das andere zur Disposition gestellt; und deshalb erhob unverzüglich der Repräsentant des Reichs, Kaiser Friedrich III., Einspruch und verkündete, er werde nicht dulden, daß Regensburg dem Reich abhanden komme. Er verhängte sowohl über den Herzog wie über die Stadt die Reichsacht; nach einiger Zeit wurde der dadurch entstehende Druck so groß, daß er seinen Willen durchsetzen konnte. Im Jahr 1492 war es so weit: Herzog Albrecht IV. verzichtete; Regensburg wurde wieder frei.

Für das ursprüngliche Problem, dafür, wie Regensburg nach dem Verlust der bayerischen Pfänder eigenständig weiterleben sollte, fand man in der Folge eine andere Lösung. Ein Vertrag wurde geschlossen; der Herzog verzichtete auf das Schultheißengericht innerhalb Regensburgs; die Freie Reichsstadt verzichtete auf nahezu alle ihre Außenbesitzungen. Nur einen ganz schmalen Gebietsstreifen um die Stadtmauern konnte sie behaupten, den sogenannten „Burgfrieden". Im Süden bestand er im wesentlichen aus einigen unbewohnten, landwirtschaftlich genutzten Feldern und Wiesen, im Norden aus zwei Inseln inmitten der Donau, dem Oberen und dem Unteren Wöhrd. Unmittelbar jenseits des Flusses, mit der Ortschaft Stadtamhof, begann aus Regensburger Sicht bereits das „Ausland". „Feindliches Ausland", genauer gesagt; denn das neue Nebeneinander der beiden Parteien gestaltete sich ebenso distanziert wie das alte. Der Herzog von Bayern akzeptierte Regensburgs wiedererlangte Freiheit weniger denn je; die Politik der Nadelstiche und Schikanen, der überhöhten Zölle und bewußt geschaffener Konkurrenz ging weiter. Mit dem einzigen Unterschied, daß die Position des Herzogs wesentlich gestärkt und die der Freien Reichsstadt wesentlich geschwächt war.

Die Konfrontation von Bayern und Regensburg nahm in der Folge teilweise geradezu groteske Züge an. Ein Beispiel von vielen (die entsprechenden Geschichten haben allesamt einen festen Stammplatz im reichhaltigen Regensburger Anekdotenschatz): Als die Freie Reichsstadt im 18. Jahrhundert zu Verschönerungszwecken eine Reihe von Bäumen auf dem Alten Kornmarkt setzen ließ, reagierte der Herzog sofort. Um einmal mehr unter Beweis zu stellen, daß der Alte Kornmarkt mit der dortigen ehemaligen Pfalzanlage, auch wenn diese längst verwaist war, ihm gehöre und sonst niemand, entsandte er einen Bediensteten nach Regensburg; der fällte die Bäume – und pflanzte unverzüglich neue: herzogliche Bäume diesmal. – Ganz ernsthaft machte sich die Gegnerschaft dort bemerkbar, wo man sich räumlich besonders nahe kam, nämlich an der Donau und dem Donauübergang in Gestalt der Steinernen Brücke. Das jenseits der Brücke gelegene Stadt-

Stadtamhof, Steinerne Brücke und Regensburg von Norden; aquarellierte
Federzeichnung, um 1600. Die Zeichnung wählt eine außergewöhnliche
Perspektive und stellt einmal nicht Regensburg, sondern Stadtamhof in
den Vordergrund. Dennoch wird vor allem eins deutlich: der immense
Größenunterschied, der zwischen den beiden benachbarten Städten
herrschte. – München, Bayerisches Hauptstaatsarchiv.

100

amhof wurde vom Herzog 1496 zu einer eigenen Stadt erhoben; damit schuf er der Freien Reichsstadt nicht nur weitere wirtschaftliche Konkurrenz, sondern provozierte sie auch ganz bewußt. Das Wappen der neuen Stadt sprach diesbezüglich eine deutliche Sprache: Es enthielt das gleiche Symbol wie das von Regensburg, den Schlüssel, allerdings nicht zweifach, sondern gleich dreifach, also in gesteigerter Form. Die Bewohner der beiden Städte übernahmen im Lauf der Zeit die Abneigung ihrer Oberen und waren sich demgemäß in herzlicher Feindschaft zugetan. Manche sagen: bis heute; aber das ist natürlich grob übertrieben!

Wappen der Stadt Stadtamhof;
Abdruck des Holzstocks
von Philipp Apian, 1568.

Alles wie gehabt, könnte man also sagen; doch das wäre nur eine sehr oberflächliche Betrachtungsweise. Bei näherem Hinsehen wird schnell deutlich, daß die Dinge sich grundlegend verändert hatten. Eine geschwächte Stadt, ein gestärkter Herzog: Das war das eine. Das andere war die Absurdität der ganzen Situation: Regensburg war ja zur Freiheit regelrecht zurückgezwungen worden. Wie viel oder wie wenig diese Zwangsfreiheit tatsächlich wert war, kann man sich denken: Ihr fehlten sämtliche tragenden Fundamente, auf denen sie früher geruht hatte. Der wirtschaftliche Erfolg der Bürgerschaft war schon seit langem verschwunden; jetzt verschwanden auch noch ihr Stolz und ihr Selbstbewußtsein, das, was sie einst veranlaßt hatte, überhaupt frei sein zu wollen. Aus eigenen Kräften konnte die Bürgerschaft ihre Freiheit nicht mehr behaupten; von nun an war sie in allem angewiesen auf den, der allein sie gegenüber den Ansprüchen Dritter, des Herzogs von Bayern zumal, in Schutz nahm, auf den Kaiser. Er war wieder, wie zeitweise schon im Mittelalter, der eigentliche Stadtherr von Regensburg. „Freie Reichsstadt": Die Bezeichnung wurde zwar auch weiterhin verwendet; im Grunde war sie aber nur noch eine leere Worthülle. Richtiger, näher am tatsächlichen Sachverhalt wäre es, von der „Stadt des Kaisers" oder besser von der „Stadt des Reichs" zu sprechen.

Der Kaiser mischte sich in der Folgezeit ganz direkt und unverhüllt in die inneren Angelegenheiten Regensburgs ein. Sein Ansatzpunkt: Die Spannungen, die seit längerem zwischen Patriziern und Nicht-Patriziern, Bürgern und Nicht-Bürgern, Oberschicht und Unterschicht bestanden, waren nicht geringer geworden, im Gegenteil. Zusammen mit Herzog Albrecht IV. hatten viele altansässige Patrizierfamilien die Stadt verlassen; sie hatten große Hoffnungen in ihn gesetzt und waren schwer enttäuscht worden. Die traditionelle Führungsschicht wurde durch diesen Auszug nachhaltig geschwächt; Gruppen, die bisher vom Stadtregiment ausgeschlossen waren, drängten nach oben. Der Kaiser, inzwischen nicht mehr Friedrich III., sondern sein Sohn Maximilian, bemühte sich nach Kräften, die Verhältnisse zu stabilisieren. Im Jahr 1499 unterstellte er Regensburg vorübergehend der Herrschaft eines Reichshauptmanns; kurz darauf verkündete er höchstpersönlich eine neue Verfassung, die „Regimentsordnung". In ihr wurde die Position des Äußeren Rats und der Gemeinde gestärkt; so sollten die alte Exklusivität der Patrizier beseitigt und weitere Kreise der Bevölkerung als bisher ins politische Geschehen einbezogen werden. Jedoch: Der Versuch mißlang. Bald schon zog der Innere Rat wieder mehr und mehr Befugnisse an sich; und aus ihm heraus entstand sogar – informell, aber höchst wirksam – ein noch kleineres Gremium, der „Geheime Rat". Er wuchs rasch zum eigentlichen Entscheidungsorgan, zur politischen Schaltstelle der Freien Reichsstadt heran. Eine neue Führungsschicht formierte sich, ähnlich der alten. Nur daß die Patrizier nicht länger Großkaufleute waren; sie rekrutierten sich

vielmehr aus den Kreisen von Verwaltung und Beamten-
schaft der Freien Reichsstadt.

Denen, die neuerlich von Mitsprache und Mitwirkung
ausgeschlossen wurden, dürfte dieser Unterschied allerdings ziemlich egal gewesen sein. Bei ihnen, in der Unterschicht, aber auch im Mittelstand, gärte die Unzufriedenheit weiter. Verschiedene Umsturzversuche wurden
angezettelt; sie blieben ohne Erfolg. Die Obrigkeit bemühte
sich – ein probates Mittel – die Mißstimmung zu kanalisie-
ren und in eine andere Richtung zu lenken; auf der Suche
nach einem potentiellen Sündenbock stieß man auf die in
Regensburg ansässigen Juden. Über Jahrhunderte hinweg
hatten sie weitgehend unbehelligt vor Ort gelebt; damit war
es jetzt vorbei: In einem großen Pogrom wurden sie 1519
vertrieben, ihre Wohnhäuser und ihre Synagoge zerstört,
ihr Besitz beschlagnahmt. Nach dem wirtschaftlichen und
politischen hatte Regensburg auch einen moralischen Tief-
punkt erreicht.

Das antijüdische Pogrom von 1519 wirkt auf den ersten Blick
wie ein spontaner Ausbruch des Volkszorns – genau dieser
Eindruck war von den Verantwortlichen beabsichtigt. Bei
näherer Betrachtung zeigt sich jedoch, daß man ganz planvoll
vorging und nichts dem Zufall überließ. Über Jahre und Jahrzehnte hinweg, vor dem Hintergrund der allgemeinen wirtschaftlichen Misere, war der Antisemitismus bewußt und mit
langem Atem geschürt worden, nicht zuletzt von der Kirche;
ihr Domprediger Balthasar Hubmaier hatte sich in besonderem Maße traurigen Ruhm erworben. Den konkreten Anlaß für
das Pogrom lieferte dann ein Ereignis, das sich fern von
Regensburg zutrug: Am 11. Januar 1519 starb in Innsbruck
Kaiser Maximilian. Jetzt galt es rasch zu handeln und Tatsa-
chen zu schaffen. Denn: Der Kaiser war im deutschen Reich
traditionell der Schutzherr der Juden; solange das Amt bis zur
Wahl eines Nachfolgers unbesetzt blieb, drohte von dieser
Seite keine Gefahr. Am 21. Februar 1519 beschloß der Rat der
Freien Reichsstadt Regensburg, daß man die Juden nicht län-
ger dulden wolle und daß sie binnen weniger Tage aus der
Stadt zu verschwinden hätten. 40 Familien, insgesamt etwa
500 Personen, mußten Regensburg verlassen, ohne Hab und

Gut, mit kleinen Kindern, bei Kälte und Schnee. Ihr Wohnviertel wurde dem Erdboden gleichgemacht; eine Freifläche entstand, der spätere Neupfarrplatz. Bei der Synagoge, dem Herz des Viertels, dauerte das Werk der Zerstörung ein wenig länger. Der berühmte Maler Albrecht Altdorfer, Mitglied des Rats, hatte um ein Paar Tage Aufschub gebeten; er wollte noch schnell einige Stiche anfertigen, für die Nachwelt ...

Erst im weiteren Verlauf des 16. Jahrhunderts beruhigten und stabilisierten sich die Verhältnisse in Regensburg allmählich wieder. Das Bild der Stadt hatte sich bis dahin jedoch grundlegend gewandelt. Aller Glanz war verschwunden, alle Sonderrollen ausgespielt. Die Freiheit war vertan: Von außen drohte der Herzog von Bayern, im Inneren hatte der Kaiser das Sagen. Regensburg konnte kaum mehr als „Freie Reichsstadt" sondern mußte als „Stadt des Reichs" gelten. Dies übrigens nicht nur wegen der dominierenden Position, die der Kaiser einnahm, sondern auch noch in anderer Hinsicht. Neben dem Machtbereich der Freien Reichsstadt bestanden ja weiterhin die der anderen Herrschaftsträger, des Bischofs im Bereich von Dom und Bischofshof, des Herzogs am Alten Kornmarkt sowie der drei selbständigen Klöster St. Emmeram, Niedermünster und Obermünster – ein richtiger Flickenteppich. Im kleinen, mit seiner durchlöcherten Souveränität, bot Regensburg damit das gleiche Bild wie das deutsche Reich – das „Heilige Römische Reich Deutscher Nation" – im großen, wo sich in verwirrender Vielfalt Dutzende, ja hunderte von Obrigkeiten und Rechten überschnitten und durchdrangen. Regensburg war gewissermaßen das Spiegelbild dieses Reichs – und sollte es bald in noch größerem Maß werden.

Reformation

Regensburg spiegelte die Verhältnisse im Reich: Diese charakteristische Eigenschaft der Stadt sollte bald eine neue, zusätzliche Dimension erhalten. Im Jahr 1517 veröffentlichte Martin Luther seine Thesen zur Erneuerung der Kirche; die Reformation begann; sie spaltete die ganze

Mittelalterliche Synagoge, Inneres; Radierung von Albrecht Altdorfer, Regensburg 1519. Die in den Jahren 1995 bis 1997 im Bereich des ehemaligen jüdischen Viertels getätigten Grabungen haben die Authentizität und den dokumentarischen Charakter der Radierung nachgewiesen. Der Bau, in gotischem Stil gehalten, stammt aus der Zeit um 1220; er ersetzte einen älteren, romanischen Vorgängerbau aus dem 11. Jahrhundert. – Regensburg, Historisches Museum der Stadt.

105

Christenheit in Anhänger eines alten und Anhänger eines neuen Glaubens, in Katholiken und Protestanten. Der Riß ging bald auch mitten durch Regensburg.

Das Gedankengut Luthers tauchte hier sehr frühzeitig auf, schon 1523; wie überall verbreitete es sich in Windeseile. Der Ausgangspunkt war denkbar günstig; denn just in dieser Zeit zeigten sich in der Stadt, für jedermann sichtbar, besonders krasse Auswüchse des alten Kirchenwesens. Nach der Vertreibung der Juden, gewissermaßen um den Sieg des „wahren" über den „falschen" Glauben zu feiern, war an der Stelle der zerstörten Synagoge eine Wallfahrtskapelle errichtet worden; hierher, zur „Schönen Maria von Regensburg", pilgerten Abertausende. Die Stadt war dem Ansturm kaum gewachsen; Szenen von regelrechter Massenhysterie spielten sich ab; es gab Krankenheilungen und andere Wunder am laufenden Band – oder jedenfalls waren davon die phantastischsten Gerüchte im Umlauf. Das Treiben in all seiner Äußerlichkeit stieß viele bald im gleichen Maß ab, wie es sie anfangs fasziniert hatte; so tat die Reformation, die derartige Mißstände anprangerte, sich relativ leicht, Fuß zu fassen und Anhänger zu gewinnen. Es dauerte nicht lang, und Regensburg war eine in weiten Teilen protestantische Stadt geworden.

Dies galt für ihre Einwohner; es galt aber zunächst noch nicht für den offiziellen, amtlichen Bereich, für die Verwaltung und die Obrigkeit der Freien Reichsstadt. Sie tat sich mit der Reformation wesentlich schwerer und zögerte lange, bis sie eine Entscheidung traf. Der Grund liegt auf der Hand: Hier ging es nicht nur um den Glauben, sondern vor allem um Politik; hier waren allerlei Rücksichten zu nehmen. Das Hauptproblem bestand darin, daß Regensburgs Schutzherr, der Kaiser, katholisch war und blieb; gegen seinen ausdrücklichen Willen konnte man schwerlich etwas unternehmen. Außerdem: Der Herzog von Bayern, dessen Macht Regensburg rings umschloß, hielt ebenfalls am alten Glauben fest; er durfte keinesfalls provoziert werden. Und drittens: Die durchlöcherte Souveränität der Freien Reichsstadt verhinderte, daß sie für

Wallfahrt zur „Schönen Maria"; Holzstich von Michael Ostendorfer, Regensburg 1519. Der Stich zeigt zum einen das Aussehen der (für sich genommen eher klein und provisorisch wirkenden) Wallfahrtskirche samt der davor stehenden Marienstatue; er zeigt aber auch – und das in besonders eindrucksvoller Weise – den massenhaften Zustrom der Menschen und ihre extatische, ja hysterische Verzückung. Im Hintergrund sind übrigens noch Überreste zerstörter Häuser vom ehemaligen jüdischen Viertel zu erkennen. – Regensburg, Historisches Museum der Stadt.

alle, die in Regensburg ansässig waren, handeln konnte, insbesondere nicht für den Bischof, der in der Frage des Glaubens ein gewichtiges Wort mitzureden hatte. Von vornherein war somit klar, daß jede politische Entscheidung, die die Freie Reichsstadt zur Frage der Reformation traf, nicht unumstritten bleiben würde.

Im Jahr 1542 war es dann aber doch so weit: Der Protestantismus hatte im deutschen Reich auch auf politischer Ebene große Fortschritte gemacht; jetzt wagte der Rat von Regensburg den entscheidenden Schritt. Mit Verweis auf den Wunsch der großen Mehrheit der Bürger beschloß er, den neuen Glauben offiziell einzuführen. Am 15. Oktober fand der erste öffentliche Gottesdienst nach protestantischem Ritus statt. Als Veranstaltungsort wählte man die Neupfarrkirche, die kurz zuvor anstelle der nicht mehr benötigten Wallfahrtskapelle zur „Schönen Maria" errichtet worden war; sie war die einzige Kirche in der ganzen Stadt, über die der Rat selbst – und nicht der Bischof – frei verfügen konnte.

Den letzten Anstoß für die Entscheidung von 1542 gab ein Ereignis des vorausgegangenen Jahres, das berühmte Regensburger Religionsgespräch. Auf Anregung Kaiser Karls V. trafen sich damals hochkarätige Theologen der katholischen wie der protestantischen Seite – Sprecher der einen war Johann Eck, Sprecher der anderen Luthers Schüler Philipp Melanchthon – und versuchten in durchaus ernsthaftem Bemühen, den zwischen den Parteien rasch tiefer werdenden Graben, bevor es endgültig zu spät war, doch noch zu überbrücken. Wochenlang disputierten und diskutierten sie in den Räumlichkeiten der städtischen „Neuen Waag" am Haidplatz; es ging um die Rechtfertigung des sündhaften Menschen, um das Wesen der Kirche und die Rolle des Papstes in ihr, um das Geheimnis der Transsubstantiation, der Wandlung beim Abendmahl und vieles mehr – alles Fragen, die auf den Nägeln brannten und über die man in heftigster Fehde lag. Der Kaiser, höchstpersönlich in Regensburg anwesend, wartete dringend auf ein Ergebnis, aber umsonst: Nach gewissen Anfangserfolgen begann der Prozeß der Verständigung zu stocken; schließlich scheiterte er ganz. Dem Kaiser blieb nichts übrig als den einzelnen Gliedern des Reichs vorerst freizustellen, für welche Seite sie sich entscheiden wollten. Das war die Gelegenheit, auf die die Freie Reichsstadt Regensburg lange gewartet hatte.

Es dauerte allerdings noch einige Zeit, bis die neuen Verhältnisse sich festigten. Im deutschen Reich brach ein Religionskrieg aus; Regensburg hielt sich zwar abseits; doch je nachdem, wie in der Ferne das Kriegsglück schwankte, gewann auch hier einmal die eine und ein anderes Mal die andere Partei die Oberhand. Erst nach Kriegsende konnte der Rat der Stadt in Gestalt der „Kirchenregimentsordnung" von 1556 die Dinge definitiv regeln und auf Dauer eine protestantische Kirchenorganisation etablieren. Und selbst dann verging noch einmal ein komplettes Jahrhundert, bis man die letzte Konsequenz zog: 1651 bestimmte der Rat, daß in Zukunft das Bürgerrecht nur noch an Protestanten verliehen werden dürfe. Von nun an galt die Freie Reichsstadt Regensburg als „pur evangelisch".

Wohlgemerkt: Die Freie Reichsstadt war „pur evangelisch", nicht etwa Regensburg als Ganzes. Der Rat hatte sich für den Protestantismus entschieden; doch seine durchlöcherte Souveränität hinderte ihn daran, diese Entscheidung allen Menschen, die vor Ort lebten, verbindlich vorzuschreiben. Diejenigen, die nicht seiner Obrigkeit unterstanden, sondern der des Herzogs von Bayern, des Bischofs und der drei selbständigen Klöster, blieben davon völlig unberührt, das heißt: Sie blieben katholisch. Es war eine geradezu paradoxe Situation: Im „pur evangelischen" Regensburg gab es auch weiterhin jede Menge Katholiken. Ihr Anteil dürfte etwa die Hälfte der Einwohnerschaft, eher mehr als weniger, ausgemacht haben.

Die Grenzen, die durch geltendes Recht gezogen waren, wurden dabei – im Gegensatz zu manchen anderen Städten – strikt eingehalten. Die Freie Reichsstadt hatte keine Wahl: Nicht nur ihr Recht war ja beschränkt, sondern auch ihre Macht und ihre Möglichkeiten waren es. Von außen beobachteten der katholische Kaiser und der katholische Herzog von Bayern argwöhnisch jeden Schritt, den sie unternahm, der eine als Schutzherr, der andere als Rivale, beide allzeit bereit, sich beim geringsten Anlaß sofort in Regensburgs innere Angelegenheiten einzumischen. Entsprechend vorsichtig und streng legal mußte der Rat vorgehen: Keinerlei katholischer Kirchenbesitz wurde angetastet. Kein Kloster wurde aufgelöst. Keine katholische Kirche wurde umgenutzt. Die Protestanten beschränkten sich auf die Kirchen, über die die Freie Reichsstadt unbestritten verfügen konnte, auf die Neupfarrkirche sowie auf die ehemaligen Stiftskirchen St. Ignaz und St. Oswald; und weil diese auf Dauer nicht ausreichten, errichtete man im 17. Jahrhundert trotz wirtschaftlicher Probleme einen kompletten Neubau, die Dreieinigkeitskirche. In Regensburg – das war das Ergebnis – gab es schließlich auf engstem Raum zwei vollständig ausgeformte Kirchenorganisationen, eine katholische und eine protestantische; die eine unterstand dem Bischof, die andere – einer Idee Luthers folgend, der angeregt hatte, die Aufsicht über die Kirche der weltlichen Obrigkeit zu übertragen – der Freien Reichsstadt. Zum Komplex der Kirche gehörten nach damaligem Verständnis nicht nur der jeweilige Klerus, sondern auch das Schulwesen und zahlreiche soziale Einrichtungen: Alles dies existierte folglich in doppelter Form, in gegenseitiger Abgrenzung, in Konkurrenz. Das alltägliche Leben wurde dadurch nicht gerade vereinfacht; Fälle, in denen das Nebeneinander anspornend und befruchtend wirkte, blieben eher die Ausnahme als die Regel.

Die Dinge spitzten sich für das protestantische Regensburg noch einmal zu, als auf die Epoche der Reformation die der Gegenreformation folgte. Allenthalben erstarkte am Ende des 16. und zu Beginn des 17. Jahrhunderts die katholische Partei zu neuem Selbstbewußtsein und zu neuer Kraft; sich dagegen zu behaupten fiel der Freien Reichsstadt angesichts der schwierigen Bedingungen, in denen sie lebte, besonders schwer. Planmäßig förderten sowohl der Kaiser als auch der Herzog von Bayern die katholische Sache: Sie beriefen zusätzliche geistliche Orden – die Jesuiten, die Kapuziner, die Karmeliten – und

A. Ist die decken des unwendigen gebäues. B. Abbildung welcher gestalt die
Personen des Ehrn Ministerij vor dem Altar knien, und der einweihung einen anfang
machen. C. die personen des Inner Raths. D. der geheime Syndicus so den sin-
tag gethan. E. Herr Pfarrer sambt den andern Kirchendienern, darumbe des
Bürger dem geheim Syndico geantwortet. F. die personen des Herren: und Rit-
terstands. G. Doctores und andere graduirte Personen, auch fürneme bürger.

H. Des Eussern Raths: iezzighige und Ambts personen. I. Frawen des Raths vn-
Ehliche bürger. K. Jerb vnd Eheer Frawen Zimmer. L. Bürger vnd andere
Ehliche Frawen. M. Bürger vnd andere ehliche Mannspersonen darumbe etliche
Zu verhaltung vngelegenheit außgeordnet. N. Ist der gewalte eingang in di-
Kirchen, so man nit in die perspectiw bringen können, vnd ist oberhalb solch-
eingangs der Chorus musicę gestanden.

Mathæus Merian fecit.

Feierliche Einweihung der Dreieinigkeitskirche 1631; zeitgenössischer
Kupferstich von Matthäus Merian.

halfen ihnen dabei, mitten in Regensburg neue Klöster zu gründen, auf Grund und Boden, der dem Bischof oder anderen bereits bestehenden katholischen Einrichtungen gehörte; dagegen war die Freie Reichsstadt machtlos.

Gleichzeitig strömten, von auswärts kommend, scharenweise protestantische Glaubensflüchtlinge, sogenannte Exulanten, in die Stadt. In Böhmen und Österreich waren sie eine Zeitlang von der jeweiligen katholischen Obrigkeit geduldet worden; jetzt wurden sie rücksichtslos ausgewiesen. Notgedrungen mußten sie sich nach einer neuen Bleibe umsehen; viele von ihnen wandten sich nach Regensburg, dem einzig sicheren protestantischen Ort, der in der Nähe lag. Die Exulanten und ihr massenhafter Zuzug stellten die Freie Reichsstadt anfangs vor erhebliche Probleme; bald jedoch, erstaunlich schnell, schaffte man es, sie zu integrieren. Auf lange Sicht bereicherten sie geradezu die städtische Gesellschaft; einige der führenden Repräsentanten Regensburgs im 17. und 18. Jahrhundert stammten aus Exulantenfamilien.

Unter den zahlreichen aus Linz vertriebenen Exulanten, die 1626 nach Regensburg kamen, befand sich eine der bedeutendsten geistigen Größen ihrer Zeit: der Mathematiker und Astronom Johannes Kepler. Im Lauf seines bewegten Lebens hatte er schon früher mehrfach besuchsweise in der Stadt geweilt und Gelegenheit gehabt, persönliche Kontakte zu knüpfen; auf sie konnte er jetzt zurückgreifen. Zusammen mit seiner Familie fand er Aufnahme bei dem Schneidermeister Hans Haller in der Donaustraße, der heutigen Keplerstraße. Für jemand wie Kepler gab es in Regensburg jedoch keinerlei Aussicht auf Arbeit und Broterwerb; er mußte sich anderweitig umsehen. Zwei Jahre lang reiste er kreuz und quer durch das deutsche Reich; die Familie, seine Frau mit mehreren kleinen Kindern, blieb derweil in der Stadt. Schließlich fand er einen neuen Arbeitgeber, den kaiserlichen General Albrecht von Wallenstein; er kehrte nach Regensburg zurück, holte die Familie ab und übersiedelte mit ihr nach Schlesien, in Wallensteins Residenzstadt Sagan. Wiederum zwei Jahre später führte ihn eine Dienstreise erneut nach Regensburg. Kaum hatte er sich bei einem seiner Bekannten einquartiert, diesmal dem Kaufmann Hildebrand Billi, ebenfalls in der Donau- oder Keplerstraße, wurde er schwer krank. Er starb am 15. November 1630 – und erreichte so im Sterben, was ihm im Leben versagt geblieben war: dauerhaft hier zu bleiben.

Die Zeit der Gegenreformation mündete schließlich in den Dreißigjährigen Krieg. Mit allen seinen Schrecken ging er auch an Regensburg nicht spurlos vorüber: Zweimal wurde die Stadt belagert und erobert, 1633 von der schwedischen, 1634 von der kaiserlichen Armee. Beträchtliche Schäden waren zu verzeichnen – zum Glück weniger verheerende als andernorts. Das Ergebnis des Kriegs, festgehalten im Westfälischen Frieden von 1648, war dasselbe im großen wie im kleinen, im deutschen Reich wie in Regensburg: Alles, fast alles, blieb beim alten. Keine Partei hatte die andere überwunden; beide waren künftig zur Koexistenz gezwungen. Im Reich mußte man sich daran erst gewöhnen; in Regensburg dagegen hatte man schon eine gewisse Übung. Politisches Nebeneinander, konfessionelles Nebeneinander: Die Stadt war und blieb und wurde immer mehr ein getreues Spiegelbild des Reichs, dem sie zugehörte.

Immerwährender Reichstag

Während Reformation und Gegenreformation war Regensburg noch mehr als zuvor eine „Stadt des Reichs" geworden, die im kleinen abbildete, wie die Verhältnisse sich im großen gestalteten. Ihren wahrhaften Höhepunkt sollte diese Entwicklung allerdings erst nach dem Ende des Dreißigjährigen Kriegs erreichen. Für annähernd hundertfünfzig Jahre wurde Regensburg ein Ort, in dem das Heilige Römische Reich Deutscher Nation samt seinen komplexen und komplizierten Strukturen sich nicht nur spiegelte, sondern in dem es sich geradezu verkörperte. Der Grund: In Regensburg machte sich eine der wichtigsten Institutionen des Reichs ansässig, der „Immerwährende Reichstag".

Die Einrichtung des Reichstags war uralt. Seit der Gründung des deutschen Reichs wirkten in ihm, manchmal in Kooperation, manchmal in Konfrontation, zwei Parteien zusammen. Es gab, bildlich gesprochen, ein Haupt und es gab Glieder; das Haupt wurde verkörpert durch den König und Kaiser, die Glieder durch die Fürsten, später auch durch die Freien Reichsstädte. Von Zeit zu Zeit, je nach Bedarf, setzte man sich zusammen, beriet sich und faßte gemeinsame Beschlüsse: Das war der Reichstag. Je mehr – eine allgemeine Tendenz in der Entwicklungsgeschichte des Reichs – die Macht des Kaisers verfiel, je mehr die seiner Gegenspieler wuchs, desto wichtiger wurde es, sich derart abzusprechen. Die logische Konsequenz: Die Reichstage fanden häufiger statt, und sie dauerten länger. Eine bestimmte Verfahrensweise bürgerte sich ein sowie eine klare Definition, wer teilnehmen durfte und wer nicht. Der Reichstag wurde zur Institution.

Wo die einzelnen Reichstage sich versammelten, darüber hatte der Kaiser zu bestimmen. Bei seiner Wahl war er nur an zwei Bedingungen gebunden: Aus praktischen Gründen, damit alle Teilnehmer standesgemäß untergebracht werden konnten, mußte der jeweilige Ort eine gewisse Größe haben. Und aus politischen Gründen mußte er eine Freie Reichsstadt sein, neutrales Gebiet sozusagen; denn im Machtbereich eines Fürsten wären dessen Kollegen, eifersüchtig wie sie aufeinander waren, möglicherweise gar nicht erst erschienen. Die Freie Reichsstadt Regensburg erfüllte beide Kriterien; so hatte auch sie von Zeit zu Zeit die Ehre, einen Reichstag ausrichten zu dürfen. Im Verlauf des 16. Jahrhunderts wurde ihr diese Auszeichnung immer öfter zuteil: Der Kaiser verfiel zunehmend häufig und bald ausschließlich auf Regensburg als Tagungsort. Das war kein Zufall; das hatte durchaus Methode. Jeder einzelne Reichstag machte nämlich klar und deutlich, daß Regensburg zum Reich gehörte; jeder war somit eine unmißverständliche symbolische Geste, gerichtet insbesondere an den Herzog von Bayern, der eben diese Zugehörigkeit nach wie vor bestritt. Und außerdem: In der Stadt gab es, jeweils mit allem, was dazugehörte, ein katholisches und ein protestantisches Kirchenwesen; wer zum Reichstag hierher kam, konnte sich diesbezüglich wie zu Hause fühlen.

114

Ganz allmählich wuchs Regensburg eine neue Rolle zu; die Freie Reichsstadt, die „Stadt des Reichs" wurde zur Stadt der Reichstage. Der letzte Schritt: Der Reichstag, der im Jahr 1663 berufen wurde, wiederum nach Regensburg, ging aus vielfältigen politischen Gründen – man könnte auch sagen: mehr oder weniger per Zufall – nicht mehr auseinander, sondern verewigte sich, wurde, in der Sprache der Zeit, „immerwährend". Von nun an war Regensburg – konkret: das Alte Rathaus der Stadt – ständiger Tagungsort einer der zentralen Einrichtungen des Heiligen Römischen Reichs Deutscher Nation.

Daß die Reichstage im Lauf der Zeit länger und länger dauerten und schließlich in einen mündeten, der immer währte, hängt auch und vor allem mit der Verfahrensweise zusammen, die so kompliziert und schleppend war wie alles, was im Reich vor sich ging. Zunächst wurde ein Thema, wenn seine Beratung anstand, vor dem versammelten Reichstag verlesen. Dann trat erst einmal eine längere Pause ein; die Gesandten – denn natürlich waren beim Immerwährenden Reichstag weder der Kaiser noch die Fürsten persönlich anwesend, sondern ließen sich vertreten – mußten zunächst von zu Hause ihre Instruktionen einholen. Anschließend, mitunter nach Wochen und Monaten, begannen die Beratungen – allerdings nicht im Plenum des Reichstags, sondern in drei voneinander getrennt agierenden Räten, dem der Kurfürsten, dem der Fürsten und dem der Freien Reichsstädte. In jedem Rat galt das Prinzip der Einstimmigkeit; ein Ergebnis kam nur zustande, wenn sieben (später neun) kurfürstliche, 100 fürstliche und 50 reichsstädtische Voten jeweils auf einen Nenner gebracht wurden. Damit aber nicht genug: War man sich innerhalb der Räte einig, ging es im nächsten Schritt darum, sich zwischen den Räten abzustimmen. Und selbst dann war der Prozeß noch nicht abgeschlossen: Eine gefaßte Stellungnahme des Reichstags blieb so lange völlig unverbindlich, bis auch der Kaiser ihr zugestimmt hatte; dann erst wurde aus einem „Reichsgutachten" ein „Reichsschluß" mit offiziellem Charakter. Wie man sich denken kann, blieb die Anzahl der tatsächlich gefaßten Reichsschlüsse in den 150 Jahren des Immerwährenden Reichstags durchaus übersichtlich …

Für Regensburg war die Anwesenheit des Reichstags ein ausgesprochener Glücksfall. Aus eigenen Kräften hatte die Stadt schon seit langem nicht mehr viel zuwege gebracht; um so behaglicher sonnte sie sich jetzt im Glanz, der von außen auf sie strahlte. Jedesmal, wenn ein Reichstag zusammentrat, war die große Welt in Regensburg zu Gast; feierliche, prunkvolle Einzüge der Prominenz des Reichs waren zu bestaunen; es gab große Empfänge und aufwendige Festlichkeiten am laufenden Band. Und auch als der Reichstag zur Dauereinrichtung wurde, änderte sich nichts Grundlegendes: Jetzt waren zwar statt des Kaisers und der Fürsten nur noch deren Gesandte hier; doch sie hatten allesamt den offiziellen Auftrag, ihre jeweiligen Herren nicht nur diplomatisch, sondern auch protokollarisch zu vertreten; das eine war so wichtig wie das andere. Höfisches Leben zog in Regensburg ein, diesmal auf Dauer. Theater- und Konzertaufführungen, Maskenbälle, Feuerwerke, Diners, die bis in den frühen Morgen dauerten: Die Menschen bekamen täglich aufs Neue lauter Dinge vorgeführt, die in der bürgerlich-nüchternen Atmosphäre der protestantischen Freien Reichsstadt bisher – gelinde gesagt – eher unüblich gewesen waren. Und alles immer gleich im Übermaß; schließlich fiel der Immerwährende Reichstag mit der Zeit von Barock und Rokoko zusammen, einer Epoche, in der jeder, der auf sich hielt, allerhöchsten Wert auf Zeremoniell, Repräsentation und glanzvolle Selbstdarstellung legte. Dieser ganze Lebensstil, entwickelt in den fürstlichen Residenzstädten, zur Vollendung gebracht am Hof des französischen Königs in Versailles, kam mit dem Reichstag auch nach Regensburg.

Selbstverständlich betrieben nicht alle annähernd 160 Fürsten und Freien Reichsstädte, die zur Teilnahme am Reichstag berechtigt waren, den gleichen Aufwand. Nur etwa 70 von ihnen hatten überhaupt Gesandte in Regensburg; die anderen blieben mangels Interesse fern oder nutzten die Möglichkeit der Stimmrechtsübertragung. Von den 70 Anwesenden traten die Gesandten der Freien Reichsstädte, allesamt Bürgerliche, und die der kleinen, weniger

116

bedeutenden Fürsten, relativ bescheiden auf; sie hatten meist nur ein, zwei Begleiter, als Sekretäre und Berater, bei sich. Wer sich in großem Stil präsentierte, waren die adeligen Vertreter der mächtigen Fürsten des Reichs, der Kurfürsten zumal, vor allem dann, wenn ihre Herren in Personalunion gleichzeitig außerhalb des Reichs amtierten und regierten, wie zum Beispiel der Kurfürst von Hannover als König von England oder der Kurfürst von Sachsen als König von Polen. Und dann natürlich der Gesandte des Kaisers, der sogenannte „Prinzipalkommissar". Beauftragt, seinen Herren vollgültig, in aller kaiserlicher Machtvollkommenheit darzustellen, hatte er eine regelrechte Hofhaltung um sich, die Dutzende von unterschiedlichen Chargen umfaßte. Ab 1748 fungierten als Prinzipalkommissare die Fürsten von Thurn und Taxis; sie trieben das System auf einsame Spitzen. Ihr Name wird bekanntermaßen auch heute noch, sowohl innerhalb wie außerhalb der Stadt, allenthalben mit Glanz und Gloria assoziiert.

Die Anwesenheit des Reichstags brachte Regensburg nach langer Unterbrechung noch einmal zum Glänzen; allerdings war der Glanz diesmal wirklich nur ein rein äußerlicher. Und noch eine weitere Relativierung ist hier zu machen: Der Glanz erfaßte keineswegs alle Regensburger in gleicher Weise. Die ansässigen Handwerker und Gewerbetreibenden zum Beispiel beschwerten sich geradezu über den Reichstag, und zwar immer mehr, je länger er währte. Das Argument, daß mit den Gesandten zusätzliche Kunden in die Stadt kämen, und solche mit ausgesprochen hoher Kaufkraft noch dazu, verfing in ihren Augen nicht. Im Gegenteil: Was sie sahen, war vor allem, daß sich im Gefolge der Gesandten auch fremde Gewerbetreibende ansässig machten. Es wurde schnell klar, daß sie eine ernstzunehmende Konkurrenz darstellten; denn sie galten auch rechtlich als Fremde, mußten keine Steuern zahlen und konnten deshalb um einiges billiger produzieren – sehr zum Ärger ihrer Regensburger Kollegen natürlich.

Der Rat der Freien Reichsstadt war ebenfalls nicht uneingeschränkt begeistert. Der Reichstag mochte gut sein

Empfang der Gesandten des Immerwährenden Reichstags durch den Prinzipalkommissar; Kupferstich von Johann Matthias Steidlin und Andreas Geyer, Regensburg 1717. Der Stich vermittelt einen Eindruck vom Aufwand und von der Prachtentfaltung, die die Reichstagsgesellschaft, insbesondere der Prinzipalkommissar, bei offiziellen Anlässen entfaltete. – Regensburg, Historisches Museum der Stadt.

fürs Prestige; seine Anwesenheit barg aber auch gewisse Gefahren. Die ganze Reichstagsgesellschaft – etwa 70 Gesandte und ihr Gefolge, zusammen schätzungsweise 700 bis 1000 Personen – genoß einen Rechtsstatus, wie er Diplomaten zukam: Sie war exterritorial; sie unterstand nicht der städtischen Obrigkeit; auf sie konnte man weder rechtlich noch steuerlich in irgendeiner Form zugreifen. Letztendlich trug sie dazu bei, ein altbekanntes Regensburger Problem noch weiter zu verschärfen, das der durchlöcherten Souveränität. Die Freie Reichsstadt – so sah sie es jedenfalls – wurde in ihrem Handlungsspielraum immer weiter eingeengt. Die Konsequenz, die sie zog, war durchaus logisch: Mehrfach richtete sie Eingaben an den Kaiser, er möge den Reichstag vielleicht doch auch einmal in eine andere Stadt verlegen – freilich ohne greifbaren Erfolg.

Glücklicherweise ohne Erfolg, so muß man im Rückblick wohl sagen; denn aufs Ganze gesehen, ergibt sich eine Bilanz, die überwiegend doch eher positiv ist. Regensburg profitierte weit mehr vom Reichstag, als daß es unter ihm zu leiden gehabt hätte. Ganz besonders eindeutig gilt dies für den Bereich des geistigen und kulturellen Lebens, oder etwas allgemeiner ausgedrückt: für die gesamte Atmosphäre, die aufgrund der Anwesenheit des Reichstages in der Stadt herrschte. Regensburg wurde noch einmal zu einem wahrhaft internationalen, multikulturellen Ort. Aus ganz Deutschland und teilweise sogar aus dem europäischen Ausland strömten die Diplomaten hierher; die verschiedensten Gebräuche und Traditionen, die sie mitbrachten, beeinflußten und durchdrangen sich; ein Klima allgemeiner Offenheit und Toleranz breitete sich aus. Gäste kamen, um das interessant gewordene Regensburg zu besuchen, unter ihnen Leute mit klingenden Namen, Goethe, Mozart, Joseph Haydn, Ernst Moritz Arndt, Friedrich Hölderlin und viele andere. Ein keines Theater entstand. Das Zeitungswesen blühte; schließlich wollte die Reichstagsgesellschaft allzeit umfassend informiert sein. Die Architektur empfing neue Impulse; Barock und Rokoko hielten ihren

Einzug in Regensburg; die alte Stadt erhielt – zumindest stellenweise – ein neues Gesicht.

Einen ganz besonderen, bislang ungewohnten Akzent im Stadtbild setzte gegen Ende des 18. Jahrhunderts der kaiserliche Prinzipalkommissar, Fürst Carl Anselm von Thurn und Taxis. Er stiftete zwischen 1779 und 1781 für Kosten in Höhe von 12000 Gulden rings um Regensburgs Stadtmauern eine durchgehende Allee von 1500 Bäumen; sie sollte jedermann, etwa bei Gelegenheit sonntäglicher Spaziergänge, zur freien Verfügung stehen. Der Gedanke entsprach dem Geschmack der Zeit: Allenthalben schwärmte man für Natur und Natürlichkeit und davon, den zivilisierten Menschen mit ihr und ihrer Ursprünglichkeit wieder zu versöhnen. Carl Anselm ließ sich freilich noch von einem anderen Motiv leiten, und er war ehrlich genug, es zuzugeben: Er wollte sich ein Denkmal setzen. Wenn er Regensburg ein so großzügiges Geschenk mache, erklärte er, dann wünsche er, daß es auch nach ihm benannt werde. Die Stadt, überglücklich, war einverstanden; die Anlage erhielt den Namen „Fürst-Anselm-Allee"; sie trägt ihn noch heute. Es handelte sich ursprünglich tatsächlich um eine Allee; eine doppelte Baumreihe verlief unmittelbar außerhalb von Stadtmauer und Graben. Erst gut 20 Jahre später wurde die Anlage umgestaltet und zu einem Park weiterentwickelt. Bei dieser Gelegenheit wurde dem – inzwischen verstorbenen – edlen Stifter eine zusätzliche Ehre zuteil: Ein Denkmal für Carl Anselm entstand, ein „echtes", steinernes, weithin sichtbares diesmal; es kündet bis heute von seiner guten Tat.

Die freier gewordene Lebensart breitete sich von der Reichstagsgesellschaft bald auch unter den Regensburgern aus. Natürlich war man immer schnell dabei, über irgendwelche Skandalgeschichten, die einzelne Gesandte sich leisteten, den Kopf zu schütteln und die Nase zu rümpfen. Gleichzeitig bemühten sich aber doch zumindest die führenden bürgerlichen Familien nachzuahmen, was die vornehmen Fremden ihnen vorführten; nach Kräften, mit mehr oder weniger Erfolg, versuchten sie sich in der Imitation sowohl repräsentativen als auch zeitgemäßen Lebens. Als im 18. Jahrhundert das Gedankengut der Aufklärung

Fürst-Anselm-Allee mit Denkmal zu Ehren des Stifters; Kupferstich von Johann Bichtel, Regensburg nach 1813. Die Allee präsentiert sich hier bereits in ihrer späteren, parkähnlichen Gestalt, wie sie sich bis heute erhalten hat. Im Hintergrund das Palais Graf Kaspars von Sternberg, eines der Regensburger Honoratioren an der Wende vom 18. zum 19. Jahrhundert. Das Palais, im Regensburger Volksmund „Theresienruhe" genannt, wurde während des Zweiten Weltkriegs schwer beschädigt und anschließend abgetragen. – Regensburg, Historisches Museum der Stadt.

sich ausbreitete und seinen Weg nach Regensburg fand, wurde es dementsprechend begierig und bereitwillig aufgenommen. Logen und Lesezirkel entstanden. Die älteste botanische Gesellschaft der Welt wurde gegründet. Gelehrte und Wissenschaftler erwarben sich einen Ruf, der weit über die Grenzen der Stadt hinausreichte. Kurzum: Das gesellschaftliche und geistige Klima bot vielfältige Reize und Anregungen; durchaus selbstbewußt stellte man sich anderen Orten zur Seite. Politisch zwar machtlos, dafür aber kulturell blühend: Auch unter diesem Aspekt konnte Regensburg ohne Einschränkung als eine archetypische „Stadt des Reichs" gelten.

Von der Provinzstadt zum Oberzentrum:
Regensburg im 19. und 20. Jahrhundert

Regensburg, die „Stadt des Reichs": Alles in allem konnte man sich vor Ort durchaus mit diesem Zustand anfreunden. Der kaiserliche Schutzherr garantierte, daß man nach außen, vor allem gegenüber dem Herzog von Bayern, unabhängig blieb. Der Reichstag sorgte dafür, daß im Inneren eine freie und offene Atmosphäre herrschte; sie machte das Leben ungleich interessanter und abwechslungsreicher, als es bei einer Stadt von 20 000 Einwohnern eigentlich zu erwarten gewesen wäre. Aus eigenen Kräften, das war jedermann klar, hätte Regensburg seine Position längst nicht mehr halten können – ein Grund mehr, mit den Dingen, so wie sie waren, zufrieden zu sein und keine unnötigen Fragen zu stellen.

Doch objektiv betrachtet, ging es der Stadt im Prinzip ähnlich wie am Ende des Mittelalters: Ihre gesamte Existenz beruhte auf einer äußerst schmalen Grundlage. Damals war Regensburgs gestanden und gefallen mit der Rolle des Handels; jetzt stand und fiel es mit der Rolle des Reichs. Die eine Monostruktur hatte die andere abgelöst; beide waren gleichermaßen gefährlich. Gewiß: Beim Reich, beim Heiligen Römischen Reich Deutscher Nation, das seit fast tausend Jahren existierte, kam kein Mensch ernsthaft auf den Gedanken, daß es jemals an ein Ende gelangen und einfach untergehen könnte; die Stadt schien sich diesbezüglich in Sicherheit wiegen zu können. Das war ein Trugschluß; denn an der Wende vom 18. zum 19. Jahrhundert war es plötzlich so weit: Das Reich löste sich innerhalb kürzester Zeit auf. Regensburg bekam die Folgen unmittelbar zu spüren; die Stadt sah sich aufs Neue vor tiefgreifende Veränderungen gestellt.

Das „Fürstentum Regensburg"

Der Anstoß, der den Stein ins Rollen brachte, kam von weit außerhalb Regensburgs, aus dem Bereich der großen europäischen Politik. Im Jahr 1789 begann in Frankreich die Revolution; andere Staaten – England, Österreich, Preußen – mischten sich ein; die Revolutionskriege brachen aus. Die französischen Truppen, hoch motiviert, erwiesen sich als die stärkeren; bald kämpften sie nicht mehr innerhalb, sondern außerhalb des eigenen Landes. Schon 1796 standen sie kurz vor Regensburg. Die Menschen gerieten in Panik; die Reichstagsgesandten flohen. Das Wirtschaftsleben kollabierte; schwere Unruhen erschütterten die Stadt. Erst als der Feind sich zurückzog, kehrte wieder Ruhe ein – allerdings nur für kurze Zeit. Im Jahr 1800 waren die Franzosen erneut da; diesmal eroberten sie Regensburg tatsächlich. Die Stadt mußte massenhaft Truppen aufnehmen und verköstigen; hinzu kamen Kriegskontributionen in astronomischer Höhe. Der öffentliche Haushalt, schon seit langem im Defizit, brach vollends zusammen. Den Verantwortlichen wurde schlagartig klar, wie tief der Abgrund war, vor dem sie standen. Politisch, wirtschaftlich und moralisch: Die Freie Reichsstadt Regensburg war am Ende.

Schließlich, im Jahr 1801, wurde Frieden geschlossen. Frankreich hatte den Krieg gewonnen und dehnte seine Grenzen nach Osten aus. Zahlreiche deutsche Fürsten verloren Teile ihrer Territorien; sie beanspruchten jedoch, dafür entschädigt zu werden. Der Immerwährende Reichstag in Regensburg wurde eingeschaltet; nach langen Verhandlungen brachte er 1803 ein Ergebnis zustande, den sogenannten „Reichsdeputationshauptschluß". Kurzerhand wurde verfügt, daß all die kleinen und kleinsten selbständigen Territorien innerhalb des Reichs, geistliche Fürstentümer, Klöster und Stifte, Reichsgrafschaften, Freie Reichsstädte, Reichsdörfer und so weiter, aufgelöst werden sollten. Aus der beträchtlichen Verfügungsmasse, die dadurch zustande kam, sollten sich diejenigen bedienen, die

Anspruch auf Entschädigung erhoben. Ein Verfahren, so einfach wie rücksichtslos: Die Schwächsten im Reich mußten die Zeche zahlen. Das Ganze nannte sich „Säkularisation" und „Mediatisierung".

Regensburg war von den Vorgängen gleich mehrfach betroffen. Die Freie Reichsstadt, der Machtbereich des Bischofs, die drei selbständigen Klöster St. Emmeram, Niedermünster und Obermünster: Sie alle gehörten zu denen, die liquidiert wurden. Noch einmal, ein letztes Mal, spiegelte Regensburg im kleinen, was auf der Ebene des Reichs in großem Stil geschah: Verhältnisse, die sich in Jahrhunderten entwickelt hatten, wurden mit einem Schlag umgestoßen; Strukturen, die aussahen, als würden sie immer und ewig Bestand haben, lösten sich auf in Nichts. Eine ganze Epoche – so sahen es schon die Zeitgenossen – ging zuende.

Es wäre an sich logisch gewesen, wenn die gesamte Regensburger Entschädigungsmasse nun einfach an den Herzog von Bayern gefallen wäre. Er hatte westlich des Rheins Gebiete an Frankreich verloren und gehörte deshalb zu denen, die Ansprüche geltend machen konnten; außerdem stand die Stadt schon seit Jahrhunderten ganz oben auf seiner Wunschliste. Doch genau das geschah nicht: Aus den fünf Obrigkeiten, die bisher vor Ort nebeneinander existiert hatten, entstand ein eigener kleiner Staat, das „Fürstentum Regensburg". Sein Herr wurde ein völlig Ortsfremder, Karl Theodor von Dalberg, der bisherige Erzbischof und Kurfürst von Mainz. Als einziger geistlicher Reichsfürst hatte er seine Position behaupten können – wie es heißt dank guter persönlicher Kontakte zu dem Mann, der damals in ganz Europa den Ton anzugeben begann, zu Napoleon Bonaparte. In Mainz konnte Dalberg freilich nicht bleiben; es war im Friedensvertrag französisch geworden; deshalb die Entschädigung mit dem „Fürstentum Regensburg". Im Dezember 1802, also schon Monate, bevor der Reichsdeputationshauptschluß offiziell unter Dach und Fach war, trat Dalberg seine neue Herrschaft an.

Karl Theodor von Dalberg war fast 60 Jahre alt, als er nach Regensburg kam, und hatte schon eine wechselvolle Laufbahn hinter sich gebracht. Er entstammte einer uralten hochadeligen Familie aus der Gegend von Worms, hatte sich im Dienst der Erzbischöfe und Kurfürsten von Mainz emporgearbeitet und lange als deren Statthalter in Erfurt fungiert. Dort, in ruhigen, geregelten Verhältnissen, hatte er sich am wohlsten gefühlt, ein reges gesellschaftliches Leben geführt und all den schöngeistigen Neigungen gefrönt, die seinem friedlichen und an sich unpolitischen Wesen entsprachen. Er hatte Kontakte zum benachbarten Weimar geknüpft und Geistesgrößen wie Humboldt, Wieland und natürlich Goethe und Schiller kennengelernt. Sie alle schätzten ihn außerordentlich; Schiller schrieb einmal: „Ich habe wenige Menschen gefunden, mit denen ich überhaupt so gerne leben möchte als mit ihm." Und Goethe: „Je mehr ich dankbar empfinde, wie viel ich diesem außerordentlichen Manne in meiner Jugend schuldig geworden, desto mehr freut mich, daß Zeit und Entfernung, ja so mancher Wechsel der Dinge nichts an einem Verhältnis ändern konnten, das auf wahrem Grund gebaut war." Im Sommer 1802 war Dalberg selbst Erzbischof und Kurfürst von Mainz geworden; allerdings gehörte Mainz zu diesem Zeitpunkt bereits zu Frankreich. So begann seine eigentliche Herrschaft erst, als er sich Ende 1802 in Regensburg etablierte.

In Regensburg, mit dem Blick des Fremden, sah Dalberg sofort, was jeder sah, der sich offenen Auges hier umschaute: Die Stadt bot an allen Ecken und Enden ein Bild des Stillstands und der Rückständigkeit – die Folge von Jahrhunderten wirtschaftlicher Stagnation. An diesem Bild hatte letztlich auch der Reichstag nichts geändert, trotz all des Glanzes, den er über die Stadt ausgoß. Eher im Gegenteil: Er hatte viel dazu beigetragen, daß die Regensburger ihre Probleme lieber verdrängten anstatt sie anzugehen.

Erst die Ereignisse der jüngsten Vergangenheit, als die Stadt während der Revolutionskriege dem Zusammenbruch nahe gewesen war, hatten vielen die Augen geöffnet und ihnen gezeigt, wie die Dinge wirklich standen. Ein Neubeginn war vonnöten; Dalberg nahm ihn energisch in Angriff – übrigens durchaus auch in eigenem Interesse. Er war fremd in Regensburg; niemand hatte die Menschen hier gefragt, ob sie ihn als ihren Herren, ja ob sie, Bewohner einer Freien Reichsstadt, überhaupt einen Herren haben wollten. Dalberg mußte erst ihren Respekt und ihre Zuneigung gewinnen; kaum etwas war dazu besser geeignet, als daß er sich den Ruf eines tatkräftigen Reformers und Modernisierers erwarb.

Es ging Schlag auf Schlag; bald war Regensburg nicht wiederzuerkennen. Die Verwaltung der bisherigen fünf unterschiedlichen Obrigkeiten wurde verschmolzen und vereinheitlicht. Die rechtliche und politische Konfrontation zwischen Katholiken und Protestanten schwand; das Bürgerrecht wurde beiden Seiten gleichermaßen zugänglich gemacht. Nur knapp scheiterte eine Initiative, es auch für Juden, die sich inzwischen wieder in Regensburg angesiedelt hatten, zu öffnen. Die Besteuerung der Einwohner wurde auf eine breitere Grundlage gestellt, das Finanzwesen dadurch effizienter gemacht. Ein Schuldentilgungsplan wurde ausgearbeitet, der die in Jahrhunderten aufgelaufenen Defizite abtragen sollte. Maßnahmen zur Wirtschaftsförderung wurden ergriffen, neue Unternehmen angesiedelt und großzügig gefördert. Eine wirksame staatliche Sozialpolitik wurde initiiert: Den Ärmsten der Armen linderten Suppenküchen mit kostenloser Verpflegung ihre Not; Arbeitslose bekamen Arbeit im öffentlichen Sektor; neue Waisen- und Krankenhäuser entstanden. Der kulturelle Bereich erhielt bedeutende Impulse durch die Gründung eines großen neuen Theaters. Ein staatliches Gesundheitswesen wurde aufgebaut, mit Qualifikationskriterien für die Zulassung von Ärzten, mit kostenloser Krankenpflege für Kinder, mit Pockenschutzimpfungen für jedermann. Auf den Punkt gebracht: In Regensburg begann eine neue Zeit.

Theater und Gesellschaftshaus: Stahlstich von Carl Victor Keim, Regensburg um 1860. Das Theater entstand 1804 im Zuge der allgemeinen Modernisierungspolitik Karl Theodors von Dalberg; es ersetzte ein kleineres und älteres Haus, das seit dem 17. Jahrhundert, im wesentlichen für die Bedürfnisse der Reichstagsgesellschaft, am Ägidienplatz bestanden hatte. Durch einen Großbrand wurde das Theater im Jahr 1849 völlig zerstört, wenig später aber, unter weitgehender Beibehaltung der ursprünglichen Planung, wiederhergestellt. – Regensburg, Historisches Museum der Stadt

Sie verwandelte auch das äußere Erscheinungsbild: Ganz bewußt setzte Dalberg architektonische Akzente, vor allem am heutigen Bismarckplatz; die Freie Reichsstadt – so sein Ziel – sollte zu einer repräsentativen Residenzstadt umgestaltet werden.

Hauptstadt eines eigenen, kleinen Fürstentums: Für Regensburg eröffneten sich unverhofft ganz neue Zukunftsperspektiven – freilich nur für kurze Zeit. Die Gründung des „Fürstentums Regensburg" war 1802 das lokale Ergebnis großer europäischer Umwälzungen gewesen; diese gingen in den folgenden Jahren pausenlos weiter. Napoleon überzog den ganzen Kontinent mit seinen Kriegen; die Landkarten änderten ständig ihr Aussehen. Das Reich, 1803 in seinen Grundfesten erschüttert, ging schon 1806 völlig unter; für Regensburg hieß das: Der Immerwährende Reichstag löste sich auf. Wieder geriet die Stadt, als die Gesandten sie verließen, in wirtschaftliche Nöte. Dalberg versuchte, ihnen nach Kräften zu steuern; durch persönlichen Einsatz erreichte er immerhin, daß der Fürst von Thurn und Taxis, der ehemalige Vertreter des Kaisers am Reichstag, samt seiner ganzen Hofhaltung am Ort blieb. Drei Jahre später folgte der nächste schwere Schlag: In einem der Kriege Napoleons wurde Regensburg durch ungünstige Umstände zum Schlachtort; am 23. April 1809 sank ein ganzes Stadtviertel in Schutt und Asche. Danach ging alles sehr schnell. Kaum war der Krieg beendet, forderte Napoleons wichtigster Verbündeter, der Kurfürst oder inzwischen richtiger: der König von Bayern, Max I. Joseph, eine angemessene Belohnung für seine Hilfe; er forderte den Besitz Regensburgs. Dalberg, ebenfalls mit Napoleon verbündet, aber ungleich weniger bedeutend, wurde einfach mit einer anderen Stadt abgefunden, mit Frankfurt; und schon war der Weg frei: Am 22. Mai 1810 kam Regensburg unter bayerische Herrschaft. Diesmal war keiner da, der Einspruch erhob, kein Kaiser, kein Schutzherr; und so blieb es dabei: Die Zeiten Regensburger Selbständigkeit waren endgültig passé.

Dalberg ist es nicht leicht gefallen, Regensburg wieder zu verlassen; der Ortsfremde hatte in den wenigen Jahren, die er hier weilte, tiefe Wurzeln geschlagen. Seine letzte Proklamation an die Regensburger ist von einem sehr persönlichen Ton durchzogen; der Abschied des Landesherrn wird verwoben mit dem Abschied Regensburgs von der großen Vergangenheit. „Die göttliche Vorsehung", so Dalberg, „hat mich nach Regensburg geführt, woran ich nicht dachte. Ich fand biedere, edle Menschen, und meine Pflichten geboten mir, soviel für ihr Wohl zu wirken, als mir möglich war. Ein anderes Schicksal entfernt mich nun von Regensburg. Unvergeßlich ist mir, daß ich dankbare Gemüther, biedere, redlich fühlende Herzen fand. Schmerzlich ist mir die Trennung: Nach so wenigen Tagen, die ich noch zu leben habe, tröstet mich jedoch, daß ihr guter König für seine treuen Untertanen ein väterlich treues Herz hat; daß die Regensburger ursprünglich dem deutsch-bayerischen Volke angehören; daß der prächtige Donaufluß nun uneingeschränkt ihre Schiffahrt befördert; daß Regensburg und Stadtamhof nun einen nehmlichen Endzweck gemeinsamer Wohlfahrt haben; (...) daß Regensburg eine der ehemaligen bayerischen Hauptstädte war (...). Möge doch der Segen des Himmels das Wohl dieser guten Stadt und Land aus so vielen traurigen Schicksalen des Krieges befördern und in blühenden Friedensjahren ihr und ihren fruchtbaren, schönen Gegenden diese glücklichere Zeit vergönnen."

Der „Dornröschenschlaf"

Es war ein tiefer Sturz, den Regensburg 1810 erlebte. Jeglicher Ausnahmecharakter der Stadt ging verloren. Der Reichstag und seine einzigartige Atmosphäre waren schon seit Jahren verschwunden; jetzt verschwand mit Dalberg der letzte Rest von großer Welt. Die neuen Herren taten ein Übriges: Ganz bewußt wurden alle Elemente von Selbstverwaltung getilgt und die Stadt streng zentralistisch von München aus regiert. Besonders schmerzhaft (und bis heute spürbar): Große Mengen von Kunstschätzen aus besseren Zeiten wurden entfernt und verschwanden in bayerischen Depots und Schatzkammern; fast könnte man von einer systematischen Ausplünderung sprechen. Regensburg, ob es wollte oder nicht, wurde zu einer einfachen Provinzstadt, zurückgeworfen auf das eigene Potential; es zeigte sich schnell, daß damit nicht viel Staat zu machen war.

Erst 1818 erhielt Regensburg, wie alle anderen bayerischen Städte und Gemeinden, erneut das Recht, bestimmte lokale Angelegenheiten in eigener Verantwortung zu erledigen; die Organe von Bürgermeister und Stadtrat wurden wieder geschaffen. Den neu gewonnenen Handlungsspielraum nutzte man in Regensburg auf eine ganz eigene Art und Weise. Natürlich ging es auch hier um die Anpassung an neue Zeiten, um Modernisierung; das Thema stand in den Zeiten, als allmählich die Industrielle Revolution begann, überall ganz vorn auf der Tagesordnung. Doch eine Stadt zu modernisieren, bedeutete zwangsläufig auch, daß die traditionellen Strukturen aufbrachen und sich veränderten; genau hier schieden sich die Geister. Die politischen Verhältnisse mochten sich in Regensburg zuletzt stark gewandelt haben; nicht oder kaum gewandelt hatten sich dagegen die Verhältnisse innerhalb der städtischen Gesellschaft. Nach wie vor besaß nur eine kleine Minderheit der 20 000 Einwohner das Bürgerrecht; nach wie vor kontrollierten einige wenige Familien aus der Oberschicht das gesamte öffentliche Leben; nach wie vor waren sie fast ausschließlich protestantisch. Ein festgefügtes Establishment herrschte in Regensburg; jede Art von Modernisierung – das war offensichtlich – konnte dessen Macht nur schmälern. Wenn man, zum Beispiel, in großem Stil neue Industrien in die Stadt holte, würde dies zwar Arbeitsplätze schaffen – aber auch zahlreiche Menschen aus dem Umland anziehen, allesamt Katholiken. Wenn man den Zugang zum Bürgerrecht erleichterte, würde man einerseits mehr Steuerzahler gewinnen – und andererseits die eigene Exklusivität gefährden. Wenn man umliegende Dörfer eingemeindete, würde Regensburg nach außen gestärkt – und nach innen, dadurch daß Einwohner mit eigener Identität und eigenen Traditionen hinzukämen, eher geschwächt. Wie man es auch drehte und wendete: Die Regensburger Führungsschicht stand vor einem echten Dilemma.

Die logische Konsequenz: Regensburg unternahm im 19. Jahrhundert alle möglichen Schritte auf dem Weg der Modernisierung; aber jeder einzelne wurde doch jeweils sehr vorsichtig, zurückhaltend, zögernd gesetzt. Die Stadt entwickelte sich, und zwar so schnell wie schon lange nicht mehr, aber weit weniger stürmisch als andere; man braucht zum Vergleich – um in der näheren Umgebung zu bleiben – nur die Beispiele von Nürnberg oder Augsburg heranzuziehen. Eine konkrete Zahl: Die Einwohnerschaft wuchs binnen 100 Jahren von knapp 20 000 auf 53 000; das war mehr als das Doppelte, immerhin, läßt sich aber den Vervielfachungen, wie sie andernorts üblich waren, in keiner Weise zur Seite stellen. Eine verhaltene Entwicklung, eine gebremste Dynamik, eine allmähliche Evolution: Mit solchen und ähnlichen Ausdrücken könnte man die Regensburger Verhältnisse des 19. Jahrhunderts charakterisieren. Verschiedentlich wird auch – etwas ausdrucksstärker – der Begriff des „Dornröschenschlafs" verwendet; bei aller Poesie und Prägnanz, die in ihm steckt, geht er aber an der Sache doch vorbei. Geradezu geschlafen hat Regensburg damals auch wieder nicht; insgesamt ist ein gewisser Fortschritt unübersehbar.

Freilich: Der Fortschritt vollzog sich teilweise mit verschiedenen Geschwindigkeiten. Besonders langsam ging es dort, wo das herrschende Establishment seine Exklusivität und seine Privilegien in Gefahr sah, oder besser: wo es in seiner Macht stand, dieser Gefahr entgegenzuwirken. Das Bürgerrecht zum Beispiel wurde um 1900 noch fast genauso selten und vorsichtig verliehen wie 100 Jahre zuvor, obwohl der bayerische Staat in der Zwischenzeit die ursprünglich bestehenden rechtlichen Hürden stark abgebaut hatte. In Regensburg war von dieser Liberalisierung wenig zu spüren; die Stadt hatte sie – einfach aber wirksam – unterlaufen, indem sie jedem, der Bürger werden wollte, eine hohe Gebühr in Rechnung stellte. Sie aufzubringen war nur wenigen Wohlhabenden möglich; von ihnen ging aus der Sicht derer, die die Macht in Händen hielten, keinerlei Gefahr aus. Im Gegenteil: Die wirtschaftlichen, sozialen und politischen Interessen dieser neuen Bürger, insofern auch sie zu den Besitzenden zählten, waren dieselben wie die der alten; so stützten sie die bestehenden Verhältnisse eher, anstatt sie anzutasten.

Einen wichtigen Unterschied gab es allerdings: Die alten Bürger, deren Status noch aus der Zeit der Freien Reichsstadt stammte, waren fast ausschließlich Protestanten; die neuen, meist aus dem bayerischen Umland zugezogen, waren überwiegend Katholiken. Ihr Anteil an der Bürgerschaft wuchs beständig; um die Mitte des 19. Jahrhunderts gewannen sie schließlich rein zahlenmäßig die Mehrheit. In der Praxis änderte sich dadurch allerdings wenig: Weil die Interessen dieselben waren, neigten, beispielsweise, auch die katholischen Bürger bei Wahlen den Kandidaten der liberalen Partei zu, die einige Zeit vorher eigentlich von Protestanten für Protestanten gegründet worden war. Ihr wichtigster Repräsentant, Bürgermeister Oskar von Stobäus, regierte die Stadt von 1868 bis 1903 jahrzehntelang völlig unangefochten. Mit anderen Worten: Wichtiger als die konfessionellen Unterschiede zwischen Alt- und Neubürgern waren offensichtlich ökonomische Gemeinsamkeiten.

Natürlich verhielt es sich nicht in allen Fällen so; grundsätzlich bestand immer die Möglichkeit, statt des Weges der Anpassung den einer bewußten Abgrenzung zu beschreiten. Eine Reihe von Persönlichkeiten aus den Kreisen des katholischen Bürgertums – die Verleger Friedrich Pustet, Georg Joseph Manz und Joseph Habbel, der Redakteur Heinrich Held und andere – wählten diese Alternative und begründeten eine politische Interessenvertretung für die Belange des Katholizismus in Regensburg. Konkret ging es der Partei, die sich formierte, allerdings weniger um Glaubensfragen; vielmehr verschrieb sie sich in erster Linie sozialem Gedankengut: Sie wollte all denen Gehör verschaffen, die nicht zum Establishment gehörten, den einfachen Leuten, die ja in ihrer überwiegenden Mehrheit Katholiken waren. Ein höchst interessanter Punkt; er zeigt nämlich, daß in Regensburg die konfessionelle Frage eng und untrennbar mit der sozialen Frage zusammenhing. Schon zu Zeiten der Freien Reichsstadt waren die Bürger, also die Wohlhabenden, meist Protestanten gewesen und die Nichtbürger, also die weniger Wohlhabenden, meist Katholiken; im 19. Jahrhundert vertiefte sich diese Kluft sogar noch. Die Menschen, die damals aus dem Umland in die Stadt zogen, waren überwiegend Katholiken, und sie kamen in ihrer Mehrheit auch wieder aus eher bescheidenen Verhältnissen: Es war ja vor allem die Hoffnung auf ein besseres Leben, die sie hierher führte. Die bürgerlich-protestantische Oberschicht ignorierte die Neuankömmlinge weitgehend, ja: Sie versuchte ganz bewußt zu verhindern, daß sie am politischen Leben teilnahmen – ein idealer Ansatzpunkt für die katholische Partei. Intensiv setzte sie sich für soziale Reformen ein und dafür, daß der Erwerb des Bürgerrechts erleichtert wurde; möglichst viele Menschen sollten das Recht bekommen, bei Fragen von öffentlichem Interesse mitzusprechen und mitzuentscheiden. Der Kampf dauerte viele Jahre; schließlich führte er zum Erfolg: 1911 wurde die Bürgerrechtsgebühr deutlich herabgesetzt, 1916 gänzlich abgeschafft. Es war ein entscheidender Schritt auf dem Weg der inneren Demokratisierung von Regensburg; die Tage, in denen eine kleine Minderheit exklusiv die städtischen Angelegenheiten bestimmt hatte, gingen – spät, aber dafür endgültig – zuende.

Vom katholischen Regensburg waren bereits in der ersten Hälfte des 19. Jahrhundert wichtige Impulse ausgegangen; damals hatten sie jedoch weniger im politischen als vielmehr im geistlichen Bereich gewirkt. Eine wahre kirchliche Erneuerungsbewegung hatte sich entwickelt; ihr Initiator war Johann Michael Sailer gewesen, Professor der Theologie an den Universitäten in Ingolstadt und Landshut, ab 1822 Domherr, Weihbischof und Generalvikar in Regensburg, schließlich, 1829 bis 1832, Bischof daselbst. Als Lehrer und Theologe machte Sailer sich einen Namen, indem er die Prinzipien von Glauben und Gläubigkeit, die in der Zeit von Aufklärung und Rationalismus in die Defensive geraten waren, wieder mit neuem Leben erfüllte; als Seelsorger beeindruckte er mit seiner großen persönlichen Ausstrahlung alle, die mit ihm zu tun hatten. In Regensburg scharte er eine Gruppe von Freunden und Gleichgesinnten um sich, den sogenannten „Sailer-Kreis"; zu ihm gehörte sein Sekretär Melchior von Diepenbrock, in späteren Jahren Bischof von Breslau und Kardinal, der Arzt Carl Proske, der durch Sailer seine Berufung zum Priester entdeckte und sich der Wiederbelebung der katholischen Kirchenmusik verschrieb, und der Dompfarrer Georg Michael Wittmann, nach Sailers Tod 1832 für wenige Monate sein Nachfolger im Bischofsamt. Sailer stand in engem geistigen Austausch mit König Ludwig I. von Bayern, der als Kronprinz einst Vorlesungen bei ihm gehört hatte; dies sicherte ihm weitreichenden Einfluß auf die bayerische Kirchen- und Kulturpolitik seiner Zeit. Ein Schüler Sailers, Eduard von Schenk, war von 1828 bis 1831 sogar Innenminister in München.

Ebenfalls nur sehr zögerlich kam der Prozeß der Modernisierung Regensburgs im wirtschaftlichen Bereich voran. Auch hier sahen die Regierenden mehr Risiken als Chancen, jedenfalls was sie selbst, ihre eigenen Positionen und Privilegien betraf. Eine forcierte Industrialisierung zum Beispiel hätte noch viel mehr Fremde in die Stadt geführt, als ohnehin schon kamen; das gesellschaftliche Gefüge wäre vollends aus dem Lot geraten. So hielt man sich lieber zurück, anstatt sich übermäßig zu engagieren. Dabei war die wirtschaftliche Lage ernst genug. Nach Ewigkeiten der Stagnation hatten sich die Verhältnisse am Anfang des 19. Jahrhunderts zu einer regelrechten Krise zugespitzt. Der Reichstag war aus Regensburg verschwunden; die Nachfrage hatte sich schlagartig verringert, eine ganze Palette an Arbeitsplätzen im Dienstleistungssektor war verschwunden. Wenig später, mit dem Übergang der Freien Reichsstadt an das Königreich Bayern, waren die Zollschranken gefallen; plötzlich und ohne darauf vorbereitet zu sein, hatten sich die Regensburger Gewerbetreibenden der Konkurrenz aus dem näheren und weiteren Umland stellen müssen. Eine Reihe von Unternehmen brach zusammen; die Arbeitslosigkeit stieg in bedenkliche Höhen. Kurz: Es bestand dringender Handlungsbedarf.

Wer in dieser Situation tatsächlich handelte, war weniger die Stadt als vielmehr der bayerische Staat. Zunächst wurden in größerer Anzahl Soldaten in Regensburg stationiert, ein Infanterieregiment, später zusätzlich leichte Kavallerie; diese Maßnahmen waren durchaus auch als eine Art von Wirtschaftsförderung gedacht. In die gleiche Richtung zielten diverse Großprojekte, die die lokale und regionale Infrastruktur verbesserten; sie sollten – in der Sprache von heute – den Standort Regensburg für den in Gang kommenden Prozeß der Industrialisierung überhaupt erst einmal interessant machen. In Stichworten: 1845 wurde der Ludwig-Donau-Main-Kanal fertiggestellt; 1859 kam die Eisenbahn in die Stadt; 1910 wurde der neue „Luitpoldhafen" in Betrieb genommen. Mit all diesen Maßnahmen gelang es in der Tat zu erreichen, daß Regensburg Anschluß erhielt an das moderne Wirtschaftsleben.

Der Erfolg ließ nicht lange auf sich warten. Allmählich siedelte sich eine Reihe von neuen Gewerbezweigen in Regensburg an. Kalkwerke und Ziegeleien entstanden, Maschinenfabriken und Werften, Druckereien und Verlage, Porzellanmanufakturen, eine Zuckerfabrik und – sehr exotisch und nur von kurzer Lebensdauer – eine Seidenplantage zur Zucht von Seidenraupen. Die wirtschaftlichen Perspektiven, zu Beginn des 19. Jahrhunderts reichlich düster, hellten sich auf; die Stagnation, die Regensburg seit Menschengedenken gelähmt hatte, wurde endgültig und dauerhaft überwunden. Freilich: Verglichen mit anderen Städten war es immer noch eine Entwicklung von eher bescheidenen Ausmaßen; Regensburg wurde keineswegs eine klassische Industriestadt. Aufs Ganze gesehen, blieb die Arbeiterschaft eher unbedeutend – und ihre Interessenvertretung ebenso. Die Sozialdemokratie, andernorts überaus selbstbewußt, konnte in Regensburg kaum Fuß fassen; die Gesellschaft verharrte in ihren traditionellen konservativen Strukturen – ganz so, wie die Regierenden es sich vorstellten.

Wirkliche Veränderung, einen raschen und zügigen Fortschritt gab es in der ganzen Zeit nur auf einem – allerdings nicht unwichtigen – Feld, nämlich auf dem des täglichen Lebens. Das Bild der Stadt, ihre Ausdehnung, ihre

Alter Bahnhof, Stahlstich, Regensburg um 1860. Der erste Bahnhof von Regensburg, 1859 eingeweiht, wurde in den Jahren 1886 bis 1891 durch einen größeren Neubau ersetzt. Sein Baukörper prägt bis heute den Eingang in die Altstadt von Süden her. – Regensburg, Historisches Museum der Stadt.

Infrastruktur wandelten sich in einer Geschwindigkeit und in einem Maß, wie seit dem Mittelalter nicht mehr; davon profitierte nahezu jedermann. Viele Menschen konnten in ihrem persönlichen Umfeld spüren, wie sich die verschiedensten modernen Errungenschaften durchsetzten, wie sich die Lebensbedingungen Schritt für Schritt verbesserten; das verlieh der Zeit – trotz aller privater Sorgen, die der einzelne natürlich nach wie vor mit sich herumtrug – eine insgesamt positive Grundströmung.

Nur ein paar Beispiele: Regensburg erhielt in der zweiten Hälfte des 19. Jahrhunderts eine neue Wasserversorgung und – ein Fortschritt, den man kaum hoch genug bewerten kann – eine Kanalisation; das war geradezu ein Segen für die sanitären und hygienischen Verhältnisse. Viel mehr als den Vitusbach, der die Stadt durchquerte und schließlich in die Donau mündete, hatte es zur Entsorgung von Abfällen und Unrat bisher nicht gegeben; die Konsequenzen, mit Schmutz und Gestank, mit Krankheiten und Epidemien aller Art, waren entsprechend übel gewesen. Wenig später wurde zusätzlich eine regelmäßige Hausmüllabfuhr eingerichtet, was die Sauberkeit weiter förderte. Ein Gaswerk entstand, zwecks Beleuchtung der Stadt und ihrer Häuser; um die Jahrhundertwende folgte ein Elektrizitätswerk. Die ersten Abschnitte der Straßenbahn wurden eröffnet; das vereinfachte und beschleunigte die allgemeine Mobilität. Großzügige Schulneubauten verbesserten entscheidend die Bedingungen, unter denen die Regensburger Kinder und Jugendlichen lernten; zugleich setzten sie zeitgemäße architektonische Akzente im altgewohnten Stadtbild.

Überhaupt veränderte sich das ganze Aussehen Regensburgs rasch und radikal. Weniger durch Umgestaltungen innerhalb des Stadtkerns: Er bewahrte, abgesehen von einigen Neubauten, im Wesentlichen sein mittelalterliches Gepräge. Jenseits davon war der Wandel dafür um so krasser. Die alten Befestigungsanlagen wurden Zug um Zug niedergelegt; dort, wo früher das Umland begonnen hatte, entstanden neue Wohnquartiere. Wer es sich leisten konnte, entwich den allzu engen Verhältnissen der Innenstadt und suchte sich seinen Platz im Grünen. Villenviertel wuchsen heran, im Osten und im Westen, mit großzügigen Anwesen, repräsentativen Fassaden, weitläufigen Gärten. Andernorts machte sich das moderne Wirtschaftsleben bemerkbar. Im äußersten Osten, beim neuen Hafen, siedelten sich Industrieunternehmen an; im Süden umfaßte die Trasse der Eisenbahn die Stadt. Jenseits davon wurden die ersten umliegenden Dörfer – Kumpfmühl und Prüll – eingemeindet; bald sollten weitere folgen. Die Bilanz ist eindeutig: Regensburg entwickelte sich allmählich zur modernen Großstadt. Von einem „Dornröschenschlaf" kann wirklich nicht die Rede sein.

Von den wenigen Neubauten, die damals im Inneren der Stadt entstanden, war der weitaus raumgreifendste und repräsentativste der des Schlosses, das die Fürsten von Thurn und Taxis errichten ließen. Im Zusammenhang mit den großen Veränderungen zu Beginn des 19. Jahrhunderts hatten sie den immobilen Besitz des aufgelösten Klosters St. Emmeram übernommen und im zugehörigen Gebäudekomplex ihre Hofhaltung eingerichtet. Das klösterliche Gepräge der Anlage konnte den hohen Ansprüchen des fürstlichen Hauses langfristig nicht genügen; nach diversen kleineren Umbauten beschloß man deshalb, den gesamten Südflügel abzutragen und durch einen extrem groß dimensionierten neuen Bautrakt zu ersetzen. Der fürstliche Architekt Max Schultze entwarf 1883 erste Pläne; sie wurden rasch in die Tat umgesetzt; schon 1888 war das Werk vollendet. Der Neubau präsentiert sich innen wie außen in der typisch historischen Formensprache seiner Zeit; die Schauseite orientiert sich zur südwärts vorbeiführenden Fürst-Anselm-Allee. Der Spaziergänger, der dort entlang promeniert, erhält, durch Lücken im dichten Laubwerk spähend, höchst reizvolle Einblicke und fühlt sich fast in die unwirkliche Atmosphäre eines Märchenschlosses versetzt.

Schloß St. Emmeram der Familie der Fürsten von Thurn und Taxis, Südflügel. Das historische Gepräge der Anlage wird akzentuiert durch die bewußte Einbeziehung eines Tores der mittelalterlichen Stadtbefestigungen in die Gesamtanlage. Anderswo mußten derartige Ruinen, wie der Geschmack der Zeit sie schätzte, oftmals erst mit viel Aufwand künstlich gebaut werden; in Regensburg dagegen konnte man auf echtes historisches Erbe zurückgreifen.

Moderne Zeiten

Eine ruhige, aber stetige Entwicklung der Dinge: So war Regensburg im 19. Jahrhundert vorangekommen, mit letztendlich durchaus respektablen Ergebnissen. Im 20. Jahrhundert änderte sich das: Der allmähliche Wandel wurde abgelöst durch radikale Brüche und Umbrüche in fast allen Lebensbereichen; immer wieder waren die Menschen gezwungen, sich auf Neues und Unbekanntes einzulassen. Freilich: Der Grund dafür ist nicht etwa in Regensburg zu suchen; hier wäre man wohl lieber in der gewohnten Gemächlichkeit weiter verfahren. Das Neue und Unbe-

140

kannte kam von außen; Regensburg durchlebte und durchlitt, was alle Welt durchlebte und durchlitt. Erster Weltkrieg, Inflation, Weltwirtschaftskrise, Nationalsozialismus,
Zweiter Weltkrieg, Wiederaufbau: Die bekannten Schlag-
worte aus der allgemeinen Geschichte prägen auch die
lokale Geschichte des 20. Jahrhunderts. Nivellierung, Uni-
formierung, Globalisierung allenthalben: Regensburg war
tatsächlich und ernsthaft in modernen Zeiten angekommen.

Die relativ ruhigen und stabilen Zeiten gingen in
Regensburg schlagartig zuende, als 1914 der Erste Weltkrieg ausbrach. Zunächst große Euphorie, dann wach-
sende Ernüchterung, schließlich drückende Not: Die Stadt
erlebte die vier langen Kriegsjahre genauso, wie man sie
überall erlebte. Und als es endlich vorbei war, folgte die
Revolution. In Regensburg wie in anderen Großstädten
bildeten sich vorübergehend Arbeiter- und Soldatenräte.
Deutschland wurde zur Republik, Bayern zum Freistaat;
mehr Demokratie kam ins Land – nicht zuletzt auf lokaler
Ebene: Das Bürger- und Wahlrecht wurde jetzt praktisch
allen gewährt, die in einem Ort lebten, insbesondere auch
– was völlig neu war – den Frauen. Und: Bürgermeister
wurden nicht mehr – wie bisher – vom Stadtrat, sondern
direkt von den Bürgern gewählt. Mehr Freiheit, mehr
Gleichheit: Die alten Standesunterschiede verschwanden
endlich, zumindest im Bereich der Politik.

Was das für Regensburg bedeutete, liegt auf der Hand.
Mit den Privilegien der Wohlhabenden, der Protestanten,
war es jetzt endgültig vorbei. Die einfachen Leute, überwiegend katholisch, erhielten die gleichen Rechte; ihre seit
langem bestehende zahlenmäßige Mehrheit wurde damit
auch zu einer politischen Mehrheit. Bei Neuwahlen zum
Stadtrat verkehrten sich die altgewohnten Kräfteverhält-
nisse prompt in ihr Gegenteil. Die liberale Partei, die bisher den Ton angegeben hatte, verlor; die Interessenvertretung des politischen Katholizismus, organisiert in der
neugegründeten Bayerischen Volkspartei, gewann. Mit Otto
Hipp stellte sie in direkter Wahl auch den Oberbürgermeister.

Es war eine fundamentale Veränderung; sie führte binnen kurzem dazu, daß die gesamte Stadtpolitik sich neu orientierte. Bisher hatte man sich zwecks Konservierung der bestehenden Strukturen bei Maßnahmen der Stadtentwicklung bewußt zurückgehalten; damit war jetzt Schluß. In großem Stil wurden, zum Beispiel, Eingemeindungen vorgenommen; im Jahr 1924 vergrößerte sich Regensburg auf einen Schlag um die nördlich der Donau benachbarten Orte Stadtamhof, Steinweg, Reinhausen, Sallern, Weichs, Schwabelweis sowie Ober- und Niederwinzer. Geradezu symbolisch war der Fall von Stadtamhof. Hier handelte es sich nicht um irgendein Dorf, sondern um eine eigenständige Stadt, und noch dazu um die, die über Jahrhunderte hinweg als exponierter Vorposten Bayerns gegenüber der Freien Reichsstadt Regensburg gegolten hatte. Sie einzugemeinden signalisierte demgemäß, daß die Konflikte und Konfrontationen der Vergangenheit endgültig überwunden waren, oder zumindest: daß sie überwunden werden sollten. Regensburg hatte jetzt fast 80 000 Einwohner.

So wie die Dinge lagen, schienen die Chancen einer weiteren Expansion und Modernisierung so günstig zu stehen wie seit langem nicht. Jedoch: Die hochgespannten Hoffnungen wurden wieder einmal zunichte, diesmal aufgrund der überaus ungünstigen Rahmenbedingungen. Die Jahre nach dem Ersten Weltkrieg gestalteten sich in ganz Deutschland, vor allem was die wirtschaftliche Situation anging, bekanntermaßen ausgesprochen schwierig, mit Inflation und Massenarbeitslosigkeit; nirgendwo konnte man große Sprünge machen. In Regensburg gab es alle möglichen hochfliegenden Pläne: Ein neuer, größerer Kanal zwischen Donau und Main sollte entstehen, der Industriehafen sollte erweitert, ein modernes Verkehrswegesystem aufgebaut, der Fremdenverkehr gefördert werden. Und nicht zuletzt: In großem Stil wollte man Wohnraum für die einfachen Leute schaffen. Viele von ihnen lebten immer noch in den uralten Häusern der Altstadt unter beengten und teilweise geradezu menschenunwürdigen Verhältnissen; man erkannte allmählich, daß hier eines der drängendsten Probleme Regensburgs überhaupt lag. All diese Pläne blieben jedoch weitgehend unausgeführt. Die Mittel, die nötig gewesen wären, um sie zu finanzieren, fehlten; und so ging der Fortschritt nach wie vor nur in kleinen und kleinsten Etappen voran – nicht, weil man nicht schneller wollte, sondern schlicht und einfach, weil man nicht schneller konnte.

Schlechte Zeiten für Regensburgs Stadtplaner und Stadtentwickler; noch schlechter freilich waren sie für die einfachen Leute. Wirtschaftliche Sorgen und Nöte verdunkelten die Gegenwart; genauso düster waren die Aussichten für die Zukunft. Kein Wunder, daß die Menschen sich scharenweise selbsternannten Hoffnungsträgern zuwandten, mochten sie noch so zweifelhaft sein. Die Nationalsozialisten und ihr „Führer" Adolf Hitler fanden immer mehr Zuspruch und Zulauf, in Regensburg wie überall. Wobei es durchaus einer Randbemerkung wert ist, darauf hinzuweisen, daß die allgemeine Begeisterung in Regensburg etwas geringer gewesen zu sein scheint als anderswo. Die Statistik spricht diesbezüglich eine deutliche Sprache: Bei den Wahlen zum Reichstag im März 1933 errangen die Nationalsozialisten insgesamt 43,9 Prozent, in Bayern 43,1 Prozent, in Regensburg nur 30,5 Prozent. Die Stadt, konservativ-katholisch geprägt, wie sie war, ließ sich von dem ganzen faulen Zauber offensichtlich nicht besonders stark beeindrucken. Nicht daß es ihr geholfen hätte: Als die Nationalsozialisten an die Macht gekommen waren, dauerte es nicht lang, bis sie auch Regensburg „gleichgeschaltet" hatten. Der frei gewählte Oberbürgermeister Otto Hipp trat unter Druck zurück und wurde durch Otto Schottenheim ersetzt; bald waren die Linientreuen auch im Stadtrat ganz und gar unter sich.

Die nationalsozialistischen Stadtverwaltung brachte in Regensburg vieles in Bewegung, was über Jahre und teilweise Jahrzehnte hinweg, zumeist aus Geldmangel, liegen geblieben war; es ist sinnlos, diesen Tatbestand einfach zu leugnen. Die Industrialisierung machte einen Riesenschritt nach vorn: Ein Messerschmitt-Werk für die Flugzeugproduktion wurde angesiedelt. Annähernd 10 000 Arbeitsplätze entstanden. In großzügigem Stil wurde sozialer Wohnungsbau betrieben; am Stadtrand wuchsen zwei komplett neue Viertel empor, die „Schottenheimsiedlung" und die „Göring-Heim-Siedlung" (heute: Konradsiedlung und Ganghofersiedlung). In der Altstadt machte man sich an erste Maßnahmen zur Sanierung des teilweise stark verfallenen Hausbestands. Ein neues Rathaus verschaffte der Verwaltung mehr Platz. Ein zusätzlicher Donauübergang, die „Adolf-Hitler-Brücke" (heute: Nibelungenbrücke) wurde gebaut. Weitere Eingemeindungen – Großprüfening, Dechbetten, Ziegetsdorf – vergrößerten das Stadtgebiet; die Bevölkerung wuchs auf 90 000 Einwohner.

All das wurde möglich, weil plötzlich Geld in Hülle und Fülle vorhanden war. Der Staat machte bedenkenlos Schulden; die neuen Herren gingen davon aus, daß sie das fehlende Geld im Zug des nächsten Kriegs, den sie längst planten, problemlos wieder hereinbekommen würden. Regensburg profitierte davon in besonderer Weise; es war nämlich zu der zweifelhaften Ehre auserkoren, eine nationalsozialistische Musterstadt zu werden. Das hatte in erster Linie geographische Gründe: Regensburg war als Bastion und Ausgangspunkt einer expansiven Ostpolitik gedacht. Hinzu kam die Ideologie: Das „Dritte Reich" wollte an die Glanzzeiten des mittelalterlichen deutschen Reichs anknüpfen; und so wie Regensburg damals geblüht hatte, so sollte es jetzt erneut aufblühen ...

Sämtliche Leistungen verkehren sich jedoch in ihr genaues Gegenteil, wenn man bedenkt, vor welchem Hintergrund sie erbracht wurden. Das herrschende Regime war ein Regime des Unrechts und des Verbrechens; das erwies sich auch in Regensburg. Auch hier diente alle Politik letztlich nur einem Ziel, nämlich der Vorbereitung des nächsten Kriegs. Auch hier verschwanden politische Gegner, Andersdenkende, Kritiker in Konzentrationslagern. Auch hier brannte 1938 eine Synagoge und mußten die jüdischen Einwohner sich in einem Schandmarsch durch die Stadt treiben lassen, ohne daß sich ein Finger rührte zu ihrer

Besuch Adolf Hitlers im Alten Rathaus am 22.10.1933. Mit seinem Auftritt im Alten Rathaus und in dessen Festsaal knüpfte Hitler bewußt an die Besuche der Kaiser und Könige des Heiligen Römischen Reichs in Regensburg an.

Hilfe. Auch von hier wurden geistig behinderte Menschen weggeschafft und umgebracht. Und auch von hier fuhren Transporte in die Vernichtungslager von Theresienstadt und Auschwitz.

Die Dimensionen der nationalsozialistischen Verbrechen sind so unfaßbar, daß man immer wieder konkrete Einzelschicksale betrachten muß, um tatsächlich begreifen zu können, was damals geschah. Simon Oberdorfer zum Beispiel, geboren 1872, war ein ehrbarer Bürger von Regensburg, modern und aufgeschlossen, lebhaft und umtriebig, Gründer des ersten Radfahrervereins, Besitzer eines der ersten Automobile, Erbauer des größten Veranstaltungssaals in der Stadt, des „Velodroms", Betreiber des ersten Kinos, kurz: ein allseits

145

bekannter und beliebter Mann. Und er war Jude – das wurde ihm zum Verhängnis. Schon 1933 wurde er vorübergehend in Schutzhaft genommen; 1938 war er im Konzentrationslager Dachau inhaftiert. Nach seiner Freilassung verkaufte er sein Geschäft und verließ Regensburg, seine Heimatstadt. Mit Frau, Schwester und Schwager ging er an Bord des Schiffs „St. Louis", zur Auswanderung nach Übersee. Doch die USA ließen die Passagiere nicht einreisen; die „St. Louis" mußte umkehren. Oberdorfer und die Seinen fanden eine neue Bleibe in den Niederlanden. Ein Jahr später fielen dort die Deutschen ein; die Flüchtlinge waren erneut Verfolgte. Im April 1943 wurden sie verhaftet und ins Vernichtungslager Sobibor deportiert. Simon Oberdorfer starb in der Gaskammer.

Nachdem die Nationalsozialisten den Zweiten Weltkrieg angezettelt hatten, bekam auch Regensburg die Auswirkungen bald zu spüren. Die Lebensbedingungen verschlechterten sich dramatisch. Im Jahr 1943 wurde die Stadt Ziel eines feindlichen Luftangriffs, das Messerschmitt-Werk in Schutt und Asche gelegt. Weitere Bombardierungen folgten, mit weiteren schweren Zerstörungen. Glück im Unglück: Die mittelalterliche Altstadt blieb weitgehend verschont – als eine von ganz wenigen in Deutschland. Im April 1945 näherte sich die amerikanische Armee Regensburg; die Verteidiger sprachen großspurig von Widerstand bis zum letzten Blutstropfen. Eine spontane Demonstration, die zur kampflosen Übergabe der Stadt aufrief, wurde gewaltsam aufgelöst; drei der Beteiligten, der Domprediger Dr. Johann Maier, der Bezirksinspektor Michael Lottner und der Lagerarbeiter Josef Zirkl, wurden als „Rädelsführer" verhaftet und hingerichtet – die letzten sinnlosen Opfer des nationalsozialistischen Wahnsinns. Wenige Tage später zogen die Deutschen sich zurück; die Amerikaner rückten kampflos in Regensburg ein. Wieder hatte die Stadt Glück im Unglück; wieder blieb sie von Zerstörungen verschont. Glimpflicher als anderswo ging der Spuk zuende.

Die Kriegsfolgen waren gleichwohl schlimm genug. Allenthalben herrschten Hunger, Not und Elend. Große Mengen an Flüchtlingen und Heimatvertriebenen waren

Fertigungshalle des Messerschmitt-Werks nach dessen Zerstörung durch einen Luftangriff (Foto 18.08.1943). Der Angriff auf das Messerschmitt-Werk war der schwerste und folgenreichste, den Regensburg während des Zweiten Weltkriegs erleben mußte; schließlich galt er dem aus kriegswirtschaftlicher Sicht „interessantesten" Ziel, das die Stadt zu bieten hatte.

aufzunehmen und unterzubringen. Zu ihnen kamen tausende von sogenannten „displaced people", aus den Konzentrationslagern befreite Häftlinge, Juden und Zwangsarbeiter, Deportierte und Evakuierte, die den Terror überlebt hatten und jetzt eine neue Heimat suchten. Insgesamt lebten zusätzlich zu den 90 000 Einwohnern von Regensburg vorübergehend bis zu 50 000 weitere Menschen vor Ort; allein schon die organisatorischen Herausforderungen waren gewaltig. Bis die Neuankömmlinge integriert wurden oder weiterzogen, vergingen Jahre; erst um 1950 begann die Lage sich zu entspannen.

Damals machte sich im Westen Deutschlands bereits

eine neue Dynamik bemerkbar; das später vielgerühmte „Wirtschaftswunder" setzte ein. In Regensburg war von ihm vorerst nicht viel zu spüren. Wieder einmal hinkte man der allgemeinen Entwicklung hinterher; wieder einmal waren äußere Faktoren dafür verantwortlich. Durch die Teilung Deutschlands und Europas nach 1945, durch den „Eisernen Vorhang", geriet die Stadt in eine ausgesprochene Randlage. Die Aussichten auf eine wirtschaftliche Erholung blieben bescheiden; ein Aufschwung war nirgends in Sicht. Regensburg stagnierte erneut und drohte komplett den Anschluß zu verlieren.

Die politisch Verantwortlichen innerhalb und außerhalb der Stadt erkannten schließlich, daß man gezielt nachhelfen mußte, wenn Regensburg wieder auf die Beine kommen sollte. Eine jahrzehntelange staatliche Förderung begann; ihre Ergebnisse können sich durchaus sehen lassen. Ein neuer, größerer Industriehafen wurde angelegt, Straßen wurden gebaut, die Stadt wurde an das Autobahnnetz angebunden: Damit war eine moderne Infrastruktur geschaffen. Unternehmensansiedlungen folgten, besonders wichtig und bemerkenswert die von Siemens und BMW. Mit Verspätung wurde Regensburg, was es nie zuvor gewesen war: ein echter Industriestandort – und ein höchst moderner noch dazu. Die Zahl der Arbeitsplätze stieg, mit ihnen die Kaufkraft und die öffentlichen Einnahmen. In den 1980er Jahren konnte man das höchste Wirtschaftswachstum sämtlicher deutscher Städte verzeichnen. Die gewährte Förderung bezog sich freilich nicht nur auf ökonomische Dinge. Im Jahr 1967 wurde die Universität eröffnet; sie verhalf dem geistigen und kulturellen Leben zu einem ungeahnten Aufschwung. Die provinzielle Atmosphäre, die der Stadt seit dem 19. Jahrhundert angehaftet hatte, verflüchtigte sich; Regensburg wurde zu einem Ort voller Aktivität und Attraktivität. Die Stadt begann auf ihr Umland auszustrahlen, mehr als sie es über Generationen hinweg getan hatte; sie stieg auf zum unbestrittenen Oberzentrum der gesamten Region Ostbayern. Aus heutiger Sicht betrachtet kann man sagen: Die letzten Jahrzehnte

Fertigungshalle des BMW-Werks (1999). Die vom Freistaat Bayern geförderte Ansiedlung von BMW in Regensburg in den 1980er Jahren markiert definitiv den Aufstieg der Stadt zum modernen Wirtschafts- und Industriestandort.

der Regensburger Geschichte waren – womit zunächst kaum jemand rechnen konnte – eine regelrechte Erfolgsstory; und seit der Öffnung der Grenzen nach Osten 1989/90 sind die Hoffnungen gestiegen, daß sie sich auch in der Zukunft fortsetzten wird.

Bei all diesem Fortschritt veränderte sich naturgemäß das Aussehen Regensburgs noch einmal in ganz entscheidender Weise. Seit dem 19. Jahrhundert war die Stadt immer weiter gewachsen; diese Tendenz setzte sich fort, freilich in ungleich größerem Ausmaß. Ständig entstanden neue Wohnviertel, Gewerbe- und Industriegebiete; um zusätzlichen Platz zu gewinnen, wurden noch einmal Orte aus dem Umland – Burgweinting, Harting, Irl, Oberisling, Graß – eingemeindet; die Bevölkerungszahl stieg bis in die

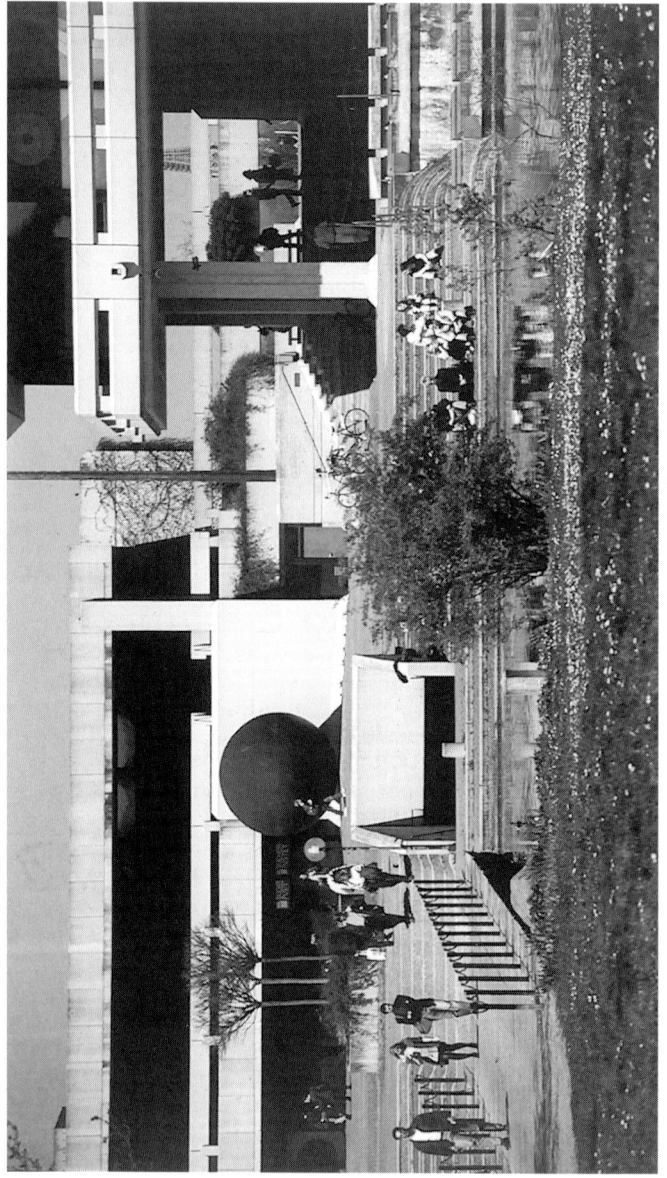

Universität, Forum (1999). Mit seiner charakteristischen modernen Architektur und seiner großzügigen Weitläufigkeit setzt der Komplex der Universität in respektvoller Distanz einen reizvollen Kontrapunkt zur mittelalterlichen Altstadt.

Gegenwart auf 140 000 Einwohner an. Nicht immer fügte sich das Neue in Form und Struktur ohne Probleme in das Bestehende ein; insbesondere die Altstadt, die all die Jahrhunderte und zuletzt sogar den Zweiten Weltkrieg größtenteils unbeschadet überstanden hatte, war ernsthaft in Gefahr, den Sachzwängen der Modernisierung zum Opfer zu fallen. Es mußten erst diverse „Bausünden" gemacht werden, bis in der Bevölkerung und bei den Verantwortlichen ein Umdenkungsprozeß einsetzte. Man fing an, das Erbe von Regensburgs großer Vergangenheit nicht länger zu mißachten, sondern zu schätzen und zu lieben. Die Altstadt wurde unter Denkmalschutz gestellt; planmäßig begann man, die alte Bausubstanz zu sanieren, möglichst behutsam und in jedem einzelnen Fall auf ihren Erhalt bedacht. Auch hier sind die inzwischen erreichten Ergebnisse aus heutiger Sicht als sehr respektabel zu bezeichnen.

Die wahren Dimensionen der Regensburger Altstadtsanierung werden erst bei näherem Hinsehen erkennbar. In der Stadt gibt es etwa 1400 denkmalgeschützte Gebäude. Ihre Sanierung dauert sein nunmehr gut 40 Jahren an. In dieser Zeit wurden verschiedene Sanierungsgebiete eingerichtet; insgesamt umfassen sie heute knapp zwei Drittel des Altstadtgebiets. Bisherige Gesamtkosten der Sanierung: ungefähr eine Milliarde DM. Soviel zur Quantität; nicht viel anders ist es bei der Qualität. Eine sorgfältige, denkmalpflegerisch orientierte Sanierung braucht ihre Zeit, insbesondere deshalb, weil vor den eigentlichen Sanierungsmaßnahmen aufwendige Voruntersuchungen notwendig sind. Zunächst wird der vorhandene Baubestand unter die Lupe genommen und die Entstehungszeit des Gebäudes geklärt, dann werden spätere Umbauten voneinander geschieden, erhaltene Details, zum Beispiel Fensterfassungen, Holzwände und -decken, Treppenhäuser, Wandmalereien, Bauplastik und so weiter gesichert (oder oftmals, weil nachträglich überdeckt, überhaupt erst freigelegt) und dokumentiert. Gleichzeitig müssen technische Fragen geklärt werden: Wie ist der allgemeine Erhaltungszustand? Gibt es statische Probleme in Gestalt von Wänden, die sich gesetzt oder verzogen haben, von angefaulten Balken oder

151

ähnlichem? Auf der Grundlage der gewonnenen Erkenntnisse wird im nächsten Schritt ein Sanierungskonzept erarbeitet. Es wird festgelegt, welche Maßnahmen im einzelnen zu treffen sind, wie die Räume zugeschnitten und genutzt werden können und vor allem: welche Kompromisse nötig und möglich sind zwischen den Interessen des Eigentümers und denen der Denkmalpflege – ein Punkt, der mitunter heftig diskutiert wird. Erst wenn all diese Fragen beantwortet sind, beginnt die eigentliche Sanierung; und in ihrem Verlauf kann es durchaus passieren, daß ganz neue, ungeahnte Probleme auftauchen, die das mühsam erarbeitete Konzept wieder über den Haufen werfen. Wie gesagt: Eine sorgfältige Sanierung braucht einfach ihre Zeit.

Regensburg heute: Das ist eine Stadt, die allen Grund hat, stolz auf sich zu sein. Sie kann zurückblicken auf eine Geschichte, die so reichhaltig ist wie kaum irgendwo sonst, mit viel Licht und viel Schatten und allem, was dazwischen liegt. Nach langer Blüte und ebenso langer Stagnation ist sie jetzt wieder ganz auf der Höhe der Zeit, als Wirtschaftsstandort, als kulturelles Zentrum, als attraktiver Lebensraum, als moderne Großstadt. Gewiß: Ähnliches haben auch andere Städte zu bieten. Was im Fall von Regensburg hinzukommt, ist die nahezu perfekte Harmonie von Geschichte und Gegenwart, die auf den Straßen und Plätzen überall spürbar ist, für Einheimische und Fremde gleichermaßen. Oder um den mittelalterlichen Autor aus dem Kloster St. Emmeram noch einmal zu bemühen: „Regensburg ist alt und neu zugleich". Genau das ist es, was die unvergleichliche Faszination dieser Stadt ausmacht.

Zeittafel

ab 5000 v. Chr.	Entstehung von ersten kleinen Siedlungen im Regensburger Raum
ab 500 v. Chr.	Ansiedlung der Kelten
15 v. Chr.	Eroberung des Alpenvorlands bis zur Donau durch die Römer
um 40/50	möglicherweise Gründung eines ersten römischen Militärstützpunkts im Regensburger Raum
um 79/81	Gründung eines römischen Militärstützpunkts (Kohortenlager) im heutigen Stadtteil Kumpfmühl
um 170	Einfall der Markomannen ins Römische Reich; Zerstörung des Militärstützpunkt in Kumpfmühl
179	Gründung eines neuen römischen Militärstützpunkts (Legionslager)
um 230	Beginn der Alemanneneinfälle an der Donau
um 242/245	erste Zerstörung des römischen Militärstützpunkts
um 272/278	zweite Zerstörung des römischen Militärstützpunkts
358	dritte Zerstörung des römischen Militärstützpunkts
um 430	letzte Erwähnung von Regensburg („Castra Regina") in römischer Zeit
um 470	Abzug der letzten römischen Soldaten
551	erste Erwähnung der Bajuwaren/Bayern
555	Erwähnung des ersten bayerischen Herzogs Garibald
um 680/700	Wirken der drei Wander- und Missionsbischöfe Rupert, Emmeram und Erhard in Regensburg
um/nach 700	Entstehung der Alten Kapelle (herzogliche Pfalzkapelle), des Niedermünsters (Bischofskirche) und von St. Emmeram (Klosterkirche)
739	kanonische Gründung des Bistums Regensburg durch Bonifatius
um 770	erste mittelalterliche Erwähnung von Regensburg („Rataspona")
778	erste Erwähnung des Dom St. Peter
788	Absetzung des Herzogs Tassilo III. von Bayern durch Karl den Großen; erster Aufenthalt Karls des Großen in Regensburg
791–793	zweiter Aufenthalt Karls des Großen
nach 800	Umwandlung des Niedermünsters in ein adeliges Damenstift; Gründung des Obermünsters als zweites adeliges Damenstift
803	dritter Aufenthalt Karls des Großen

um 850	Neubau der Pfalz am Alten Kornmarkt durch König Ludwig den Deutschen
887–888	Bau einer zweiten Pfalz beim Kloster St. Emmeram durch König Arnulf von Kärnten
893	Schenkung des „Codex aureus" durch Arnulf von Kärnten an das Kloster St. Emmeram
914–918	Kämpfe um Regensburg zur Zeit König Konrads I.
um 920	Ummauerung der neu entstandenen westlichen Vorstadt durch Herzog Arnulf von Bayern
920–921	Kämpfe um Regensburg zur Zeit König Heinrichs I.
948	Erhebung Heinrichs, des Bruders von König Otto I., zum Herzog; Teilung der Besitzungen und Herrschaftsrechte von König und Herzog in Regensburg
953–955	Kämpfe um Regensburg zur Zeit König Ottos I.
973	Abtrennung Böhmens vom Bistum Regensburg unter Bischof Wolfgang; Gründung des Bistums Prag
975	Trennung der Personalunion zwischen dem Bischof von Regensburg und dem Abt des Klosters St. Emmeram durch Bischof Wolfgang
976	Kämpfe um Regensburg zur Zeit Kaiser Ottos II.
981	erste Erwähnung von Stadtamhof
981	erste Erwähnung eines Juden in Regensburg
983	Gründung des Klosters Mittelmünster St. Paul
997	Gründung des Klosters St. Vitus in Prüll
1002	Erhebung Herzog Heinrichs IV. von Bayern zum König Heinrich II.
1002	Gewährung der Reichsunmittelbarkeit für die Stifte Obermünster und Niedermünster
um 1002/1007	Neubau der Alten Kapelle durch Heinrich II.
1009	Schenkung der Alten Kapelle durch Heinrich II. an das Bistum Bamberg
um 1010	Herstellung des „Sakramentars Heinrichs II."
um 1010/1020	erste Erwähnung eines jüdischen Viertels in Regensburg
um 1020	Herstellung des „Uta-Evangelistars" und des „Evangelistars Heinrichs II."
nach 1052	Abfassung der älteren „Translatio Sancti Dionysii Areopagitae"
um 1075	Niederlassung iroschottischer Wandermönche
um 1080	erste Erwähnung eines Stadtrechts von Regensburg
nach 1080	Abfassung der jüngeren „Translatio Sancti Dionysii Areopagitae"
1096	Zwangstaufe der Regensburger Juden im Vorfeld des Ersten Kreuzzugs
1109	Gründung des Klosters St. Georg in Prüfening
1135–1146	Bau der Steinernen Brücke

1147	Aufbruch König Konrads III. zum Zweiten Kreuzzug. Sammlung seines Heeres in Regensburg
1184	erste Erwähnung des Amts des Hansgrafen
1189	Aufbruch Kaiser Friedrich Barbarossas zum Dritten Kreuzzug. Sammlung seines Heeres in Regensburg
1205	erster Vertrag zwischen Herzog Ludwig I. von Bayern und Bischof Konrad IV. über die Stadtherrschaft in Regensburg
1207	Privileg König Philipps von Schwaben für die Bürgerschaft von Regensburg („Philippinum")
1213	zweiter Vertrag zwischen Herzog Ludwig I. und Bischof Konrad IV. über die Stadtherrschaft in Regensburg
1221	Auftreten der Franziskaner/Minoriten; Gründung des Klosters St. Salvator
1227	erste Erwähnung des Stadtrats
1229	Auftreten der Dominikaner; Gründung des Klosters St. Blasius
1244	Baubeginn am Alten Rathaus
1245	Privileg Kaiser Friedrichs II. für die Bürgerschaft von Regensburg („Fridericianum"). Aufstieg zur Freien Reichsstadt
1243	erste Erwähnung des Bürgermeisters
1244	erste Zunftordnung
1257	pfandweise Erwerbung des bischöflichen Propstgerichts durch die Freie Reichsstadt Regensburg
1273	Baubeginn am gotischen Dom
1280–1320	Ummauerung der neu entstandenen westlichen und östlichen Vorstädte
1287	Beschränkung der Amtszeit des Bürgermeisters auf ein Jahr
1295	Gewährung der Reichsunmittelbarkeit für das Kloster St. Emmeram
1305	erstes Vorkommen des Wappens der Freien Reichsstadt Regensburg
1307	erste Erwähnung der acht Wachten
1334	Beschränkung des Amts des Bürgermeisters auf Auswärtige
1349	Schutzbrief der Regensburger Bürgerschaft für die Regensburger Juden. Verhinderung eines antijüdischen Pogroms in Zeiten der Pest
1360	pfandweise Erwerbung des herzoglich-bayerischen Schultheißengerichts durch die Freie Reichsstadt Regensburg
1383–1407	Aufzeichnungen des „Runtinger-Buchs"

1408	pfandweise Erwerbung des herzoglichen Orts Stadt-amhof durch die Freie Reichsstadt Regensburg
1429	Abschaffung des Amts des Bürgermeisters
1486	Auslösung der herzoglich-bayerischen Pfänder durch Herzog Albrecht IV.; freiwillige Unterwerfung Regensburgs unter seine Herrschaft
1491/92	Verhängung der Reichsacht durch Kaiser Friedrich III. über Regensburg und Herzog Albrecht IV.
1492	Verzicht Herzog Albrechts IV. auf Regensburg; Wiederherstellung der Freien Reichsstadt
1496	Vertrag zwischen Herzog Albrecht IV. und der Freien Reichsstadt Regensburg: Abgrenzung der beiderseitigen Befugnisse
1496	Verleihung des Stadtrechts an Stadtamhof durch Herzog Albrecht IV.
1499	Einsetzung eines Reichshauptmanns in der Freien Reichsstadt Regensburg durch König Maximilian
1500	Erlaß der Regimentsordnung für die Freie Reichsstadt Regensburg durch König Maximilian
1519	antijüdisches Pogrom: Vertreibung der Regensburger Juden; Zerstörung von Ghetto und Synagoge; Errichtung der Wallfahrtskirche zur „Schönen Maria"
1523	Auftauchen protestantischen Gedankenguts in Regensburg
1538	Einstellung der Bauarbeiten am gotischen Dom
1540	Fertigstellung der Neupfarrkirche
1541	Regensburger Religionsgespräch
1542	offizielle Einführung des Protestantismus in der Freien Reichsstadt Regensburg
1556	Erlaß der Kirchenregimentsordnung für die Freie Reichsstadt Regensburg
1587	Gründung des Klosters St. Paul der Jesuiten
ab 1594	Abhaltung von Reichstagen ausschließlich in Regensburg
1613	Gründung des Klosters St. Matthias der Kapuziner
1626	Ankunft zahlreicher protestantischer Exulanten aus Oberösterreich und Linz, darunter der Astronom Johannes Kepler samt seiner Familie
1627–1631	Errichtung der Dreieinigkeitskirche
1633	Eroberung Regensburgs durch schwedische Truppen im Dreißigjährigen Krieg
1634	Rückeroberung Regensburgs durch kaiserliche Truppen
1641	Gründung des Klosters St. Joseph der Karmeliten
1651	Beschränkung des Zugangs zum Bürgerrecht ausschließlich auf Protestanten

1652	Gründung eines Ball- und Komödienhauses
1663	Beginn des Immerwährenden Reichstags
ab 1748	Anwesenheit der Fürsten von Thurn und Taxis als Prinzipalkommissare am Immerwährenden Reichstag
1779–1781	Anlegung der Fürst-Anselm-Allee
1786	Besuch Johann Wolfgang von Goethes
1790	Gründung der Botanischen Gesellschaft
1790	Besuch Wolfgang Amadeus Mozarts
1794	Besuch Joseph Haydns
1796	drohende Eroberung Regensburgs durch französische Truppen im Revolutionskrieg
1800	Eroberung Regensburgs durch französische Truppen
1802	Umwandlung der Freien Reichsstadt Regensburg einschließlich des Machtbereichs des Bischofs und der drei Klöster St. Emmeram, Niedermünster und Obermünster in das Fürstentum Regensburg unter Karl Theodor von Dalberg
1804–1806	Umgestaltung der Fürst-Anselm-Allee zum Park
1806	Ende des Heiligen Römischen Reichs Deutscher Nation und des Immerwährenden Reichstags
1809	Schlacht um Regensburg zwischen den Franzosen unter Napoleon und den Österreichern
1810	Übergang des Fürstentums Regensburg an das Königreich Bayern
1810	Stationierung von bayerischer Infanterie
1818	Eingemeindung von Kumpfmühl
1833–1861	Betreibung einer Seidenplantage zur Seidenraupenzucht in Regensburg
1845	Fertigstellung des Ludwig-Donau-Main-Kanals
um 1850	Umschwung des Kräfteverhältnisses zwischen Protestanten und Katholiken in der Bürgerschaft zugunsten der Katholiken
1857	Bau eines Gaswerks
1859	Anschluß Regensburgs an das Eisenbahnnetz
1869	Einführung einer Gebühr zum Erwerb des Bürgerrechts in Regensburg
1873–1875	Bau eines städtischen Wasserwerks
1883–1888	Neubau des Südflügels am Schloß der Fürsten von Thurn und Taxis
1889	Bau einer städtischen Schwemmkanalisation
1900	Bau eines Elektrizitätswerks
1903	Eröffnung der Straßenbahn
1904	Eingemeindung von Prüll
1906	Einführung einer städtischen Müllabfuhr
1909	Stationierung von bayerischer Kavallerie
1910	Eröffnung des „Luitpoldhafens"

1911	Herabsetzung der Bürgerrechtsgebühr in Regensburg
1916	Abschaffung der Bürgerrechtsgebühr in Regensburg
1918	Revolution in Regensburg nach dem Ersten Weltkrieg; Bildung eines Arbeiter- und Soldatenrats
1918	Gründung der Bayerischen Volkspartei in Regensburg
1919	Umschwung des Kräfteverhältnisses zwischen liberaler und katholisch-konservativer Partei im Stadtrat durch den Sieg der Bayerischen Volkspartei
1924	Eingemeindung von Stadtamhof, Steinweg, Reinhausen, Sallern, Weichs, Schwabelweis, Nieder- und Oberwinzer
1933	„Gleichschaltung" Regensburgs durch die Nationalsozialisten
1933–1943	Bau der „Schottenheimsiedlung" (heute: Konradsiedlung)
1935–1938	Bau des Neuen Rathauses und der „Adolf-Hitler-Brücke" (heute: Nibelungenbrücke)
1936	Gründung des Messerschmitt-Flugzeugwerks
1937–1943	Bau der „Göring-Heim-Siedlung" (heute: Ganghofersiedlung)
1938	Eingemeindung von Großprüfening, Dechbetten und Ziegetsdorf
1938	Zerstörung der neuen jüdischen Synagoge durch die Nationalsozialisten
1943	Zerstörung des Messerschmitt-Werks durch einen Luftangriff im Zweiten Weltkrieg
1945	Demonstration zur kampflosen Übergabe Regensburgs an die heranrückenden amerikanischen Truppen; Hinrichtung der „Rädelsführer" Dr. Johann Maier, Michael Lottner und Josef Zirkl; Rückzug der deutschen Truppen; Einmarsch der Amerikaner
1950	Ansiedlung des Siemens-Werks
1962	Eröffnung des neuen Industriehafens
1967	Eröffnung der Universität Regensburg
1971	Anschluß Regensburgs an das Autobahnnetz
1973	Ausweisung der Regensburger Altstadt als Ensemble im Sinn des Denkmalschutzes
1977	Eingemeindung von Burgweinting, Harting, Irl, Oberisling und Graß
1986	Ansiedlung des BMW-Werks
1992	Eröffnung des Rhein-Main-Donau-Kanals
1995	750 Jahre Freie Reichsstadt Regensburg
1998	250 Jahre Thurn und Taxis in Regensburg

Literatur

Die Literatur zum Thema „Regensburger Geschichte" ist in letzter Zeit immer umfangreicher und zumindest für den Laien geradezu unüberschaubar geworden. Für jeden Geschmack und jede Interessenlage ist etwas geboten; die Palette reicht von populären Werken bis zu hochwissenschaftlichen Spezialuntersuchungen. Sie allesamt aufzulisten ist nicht das Ziel dieses Literaturverzeichnisses; es erhebt somit auch in keiner Weise Anspruch auf Vollständigkeit. Eher versteht es sich als Anregung für weitere Lektüre; deshalb führt es vor allem Werke auf, die zwar einerseits den Inhalt des vorliegenden Buchs vertiefen, andererseits aber nicht allzu speziell werden. Insgesamt ist es vom Verfasser mit dem gleichen „Mut zur Lücke" konzipiert worden wie die „Kleine Regensburger Stadtgeschichte" als solche.

Albrecht, Dieter: Regensburg im Wandel. Studien zur Geschichte der Stadt im 19. und 20. Jahrhundert, Regensburg 1984 (Studien und Quellen zur Geschichte Regensburgs 2)

Albrecht, Dieter (Hg.): Zwei Jahrtausende Regensburg, Regensburg 1979 (U.R. Schriftenreihe der Universität Regensburg 1)

Angerer, Martin/Wanderwitz, Heinrich (Hgg.): Regensburg im Mittelalter, 2 Bde., Regensburg 1995/98

Bauer, Karl: Regensburg. Aus Kunst-, Kultur- und Alltagsgeschichte, Regensburg ⁵1997

Bischoff, Bernhard (Hg.): Arbeo Bischof von Freising, Leben und Leiden des heiligen Emmeram, München 1953, ND Regensburg 1985

Borgmeyer, Anke/Hubel, Achim/Tillmann, Andreas/Wellnhofer, Angelika: Stadt Regensburg. Ensembles – Baudenkmäler – Archäologische Denkmäler, Regensburg 1997 (Denkmäler in Bayern III 37)

Bungert, Hans (Hg.): 1250 Jahre Bistum Regensburg, Regensburg 1989 (U.R. Schriftenreihe der Universität Regensburg 16)

Dallmeier, Martin/Schad, Martha: Das Fürstliche Haus Thurn und Taxis. 350 Jahre Geschichte in Bildern, Regensburg 1996

Dietz, Karlheinz/Fischer, Thomas: Die Römer in Regensburg, Regensburg 1996

Dietz, Karlheinz/Waldherr, Gerhard (Hgg.): Berühmte Regensburger. Lebensbilder aus zwei Jahrtausenden, Regensburg 1997

Dünninger, Eberhard: Regensburg – Das Bild der Stadt im Wandel der Jahrhunderte, Amberg 1995

Färber, Konrad/Klose, Albrecht/Reidel, Hermann (Hgg.): Carl von Dalberg, Erzbischof und Staatsmann (1744–1817), Regensburg 1994

Freitag, Matthias: Regensburger Straßennamen. Von Abensstraße bis Zwerchpaintstraße, Regensburg 1997

Fürnrohr, Walter: Der Immerwährende Reichstag zu Regensburg. Das Parlament des Alten Reichs, Regensburg/Kallmünz 1987

Hable, Guido: Geschichte Regensburgs. Eine Übersicht nach Sachgebieten, Regensburg 1970 (Studien und Quellen zur Geschichte Regensburgs 1)

Halter, Helmut: Stadt unterm Hakenkreuz. Kommunalpolitik in Regensburg während der NS-Zeit, Regensburg 1994 (Regensburger Studien und Quellen zur Kulturgeschichte 1)

Hausberger, Karl: Geschichte des Bistums Regensburg, 2 Bde., Regensburg 1989

Heigl, Peter: Regensburg privat. Von Albertus Magnus bis Oskar Schindler. Ein Gang durch die Stadt, Regensburg 1997

Hubel, Achim/Schuller, Manfred: Der Dom zu Regensburg, Regensburg 1995

Kätzel, Ute/Schrott, Karin (Hgg.): Regensburger Frauenspuren. Eine historische Entdeckungsreise, Regensburg 1995

Kick, Wilhelm: Sag es unseren Kindern. Widerstand 1933–1945. Beispiel Regensburg, Berlin/Vilseck 1985

Kolmer, Lothar/Wiedemann, Fritz (Hgg.): Regensburg – Historische Bilder einer Reichsstadt, Regensburg 1994

Kraus, Andreas/Pfeiffer, Wolfgang (Hgg.): Regensburg – Geschichte in Bilddokumenten, München 1979

Möseneder, Karl (Hg.): Feste in Regensburg von der Reformation bis in die Gegenwart, Regensburg 1986

Morsbach, Peter/Brandl, Anton J.: Kunst in Regensburg, Regensburg 1995

Museen der Stadt Regensburg/Evangelisch-Lutherische Kirche in Regensburg (Hgg.): 450 Jahre Evangelische Kirche in Regensburg 1542–1992 [Ausstellungskatalog], Regensburg 1992

Schmid, Alois: Regensburg. Reichsstadt – Fürstbischof – Reichsstifte – Herzogshof, München 1995 (Historischer Atlas von Bayern, Teil Altbayern 60)

Schmid, Peter: Regensburg – Stadt der Könige und Herzöge im Mittelalter, Kallmünz 1977 (Regensburger Historische Forschungen 6)

Stadt Regensburg (Hg.): „Stadt und Mutter in Israel". Jüdische Geschichte und Kultur in Regensburg, Regensburg 1989 (Ausstellungskataloge zur Regensburger Geschichte 2)

Stadt Regensburg, Planungs- und Baureferat (Hg.): 40 Jahre Altstadtsanierung in Regensburg – eine Zwischenbilanz. Eine Dokumentation der Stadt Regensburg, Regensburg 1995

Wittmer, Siegfried: Regensburger Juden. Jüdisches Leben von 1515 bis 1990, Regensburg 1996 (Regensburger Studien und Quellen zur Kulturgeschichte 6)

Neben diesen modernen Werken seien hier noch einige von den „Klassikern" der Regensburg-Literatur aufgeführt. Sie spiegeln zwar nicht den heutigen Stand der Forschung, liefern aber wegen der Fülle ihres Materials nach wie vor eine Menge an unschätzbaren Informationen.

Gemeiner, Carl Theodor: Regensburgische Chronik, 4 Bde., Regensburg 1800–1828, ND, hg. von Heinz Angermeier, Regensburg 1971/87

Gumpelzhaimer, Christian Gottlieb: Regensburg's Geschichte, Sagen und Merkwürdigkeiten von den ältesten bis auf die neuesten Zeiten, 4 Bde., Regensburg 1830–1838, ND Regensburg 1984

Kayser, Albrecht Christoph: Versuch einer kurzen Beschreibung der Kaiserlichen freyen Reichsstadt Regensburg, Regensburg 1797, ND Regensburg 1995

Walderdorff, Hugo Graf von: Regensburg in seiner Vergangenheit und Gegenwart, Regensburg/New York/Cincinnati [4]1896, ND Regensburg 1973

Bildnachweis

Autor und Verlag danken allen Fotografen und Bildleihgebern, insbesondere dem Historischen Museum der Stadt Regensburg.

Archäologisches Museum im BMW-Werk Regensburg: S. 31 (Foto: Manfred Eberlein)

Bayerische Staatsbibliothek, München: S. 55

Bayerisches Hauptstaatsarchiv, München: S. 40, 100

Hanno Meier, Regensburg: S. 68, 140, 149, 150

Museen der Stadt Regensburg – Historisches Museum: S. 11, 22, 25, 29 (Foto: Wolfram Schmidt), 36 (Foto: Manfred Eberlein), 41 (Foto: Ludwig Wagmüller), 59, 79 und 87 (Fotos: Presse- und Informationsstelle der Stadt Regensburg), 89, 90, 97, 105 (Foto: Städt. Lichtbildstelle/A. Reisinger), 107 (Foto: Ludwig Wagmüller), 111, 118, 121 (Foto: Peter Ferstl), 126, 128 und 137 (Fotos: Peter Ferstl)

Presse- und Informationsstelle der Stadt Regensburg – Bilddokumentation: S. 145, 147

Aus: *Karl Bauer, Regensburg. Kunst-, Kultur- und Alltagsgeschichte, Regensburg 1997 (5. Aufl.)*: S. 77

Aus *Peter Morsbach/Anton J. Brandl, Kunst in Regensburg, Regensburg 1995*: S. 61 (Foto: Otto Aufleger)

Aus: *Hugo von Walderdorff, Regensburg in seiner Vergangenheit und Gegenwart, Regensburg 1896 (4. Aufl.)*: S. 101

Register

Ortsregister (allgemein)

Ein Stichwort „Regensburg" taucht in vorliegendem Ortsregister mangels Aussagewert nicht auf. Einzelne Örtlichkeiten innerhalb Regensburgs (Häuser, Kirchen, Stadtteile, Straßennamen und so weiter) sind zwecks Übersichtlichkeit in einem eigenen Register aufgeführt.

Ortsregister (Regensburg)

Personenregister